Stefan Ehlert

Wangari Maathai – Mutter der Bäume

HERDER spektrum
Band 5580

Das Buch
Wangari Maathai ist die erste Afrikanerin, die den Friedensnobelpreis bekommen hat. Wer ist diese Frau, deren Engagement einen Kontinent mit Stolz erfüllt und die der Welt Hoffnung schenkt? Woher kommt sie? Was treibt sie an? Wie sehen ihre Arbeit und ihr Alltag aus?
Als Wangari Maathai 1960 ein Stipendium für die USA erhält, ist das eine Sensation. Und für viele eine Provokation: Ein Mädchen vom Land, ohne Verbindungen, erhält eine Chance, die für Kenianer einem Lottogewinn gleichkommt. Sie beendet das Studium in Rekordzeit und kehrt nach Kenia zurück, das mittlerweile unabhängig geworden ist. Sie promoviert, verbringt zwei Jahre in Deutschland, um sich fortzubilden, kehrt wieder zurück nach Kenia und wird die erste Professorin ihres Landes. Nebenbei heiratet sie, wird Mutter und beginnt politisch zu arbeiten. Sie will das Land verändern. Früh legt sie sich mit dem korrupten, brutalen Regime des ehemaligen Präsidenten Daniel arap Moi an. 1977 weitet sie ihr politisches Engagement aus: Sie gründet die „Grüngürtel-Bewegung". Seitdem hat sie über 30 Millionen Bäume gepflanzt und sich in ungezählten Initiativen für Gerechtigkeit, Gleichberechtigung und bessere Lebensverhältnisse eingesetzt, ohne Furcht und Angst. Ihr Lebensweg spiegelt die wechselhafte Geschichte Kenias wider – und er zeigt zugleich, welche Chancen und Perspektiven der Einsatz des Einzelnen eröffnen kann.
Stefan Ehlert zeichnet in diesem Buch das Porträt einer ungewöhnlichen Frau, die mit ihrer unermüdlichen Arbeit das Leben unzähliger Menschen verbessert hat. Der Erfolg ihres Engagements zeigt, wie sehr Umweltschutz, Respekt vor der Würde des Einzelnen und Gerechtigkeit miteinander zusammenhängen. Eine spannend zu lesende, persönliche und politische Biografie der Frau, die Afrika verändert hat.

Der Autor
Stefan Ehlert, geboren 1963, Studium der Geschichte, Soziologie und Psychologie in Bielefeld und Hamburg. Nach einem Radiovolontariat in Hamburg wechselte er als Redakteur und Reporter zur Berliner Zeitung. Er lebt seit 2001 in Nairobi und arbeitet als freier Journalist für verschiedene Tageszeitungen und ARD-Hörfunksender.

Stefan Ehlert

Wangari Maathai – Mutter der Bäume

Die erste afrikanische
Friedensnobelpreisträgerin

Mit einem Vorwort von
Klaus Töpfer

FREIBURG · BASEL · WIEN

Meiner Mutter Lisa

Gedruckt auf umweltfreundlichem, chlorfrei gebleichtem Papier

Originalausgabe

Alle Rechte vorbehalten – Printed in Germany
© Verlag Herder, Freiburg im Breisgau 2004
www.herder.de
Satz: Barbara Herrmann, Freiburg
Herstellung: fgb · freiburger graphische betriebe 2004
www.fgb.de
Umschlaggestaltung und Konzeption:
R·M·E München / Roland Eschlbeck, Liana Tuchel
Umschlagmotiv: © associated press
ISBN 3-451-05580-5

Inhalt

Vorwort
von Klaus Töpfer 7

Einleitung
Der Triumph der „schwarzen Grünen" 9

1. „Sie war früher nie so stur"
   Eine Kindheit am Mount Kenya 13

2. Das Tor zur Welt
   Ausbildung in den USA und in Deutschland 33

3. Kein Heimchen für die Feuerstelle
   Eine untypische afrikanische Frau 48

4. „Mama Miti" und ihr Lebenswerk
   Das Green Belt Movement 60

5. Immer mit einem Bein im Gefängnis
   Waldkämpfe und Wahlkämpfe 92

6. Gezähmt und kaltgestellt
   Vizeministerin im „Neuen Kenia" 126

7. Nach dem Nobelpreis
   Everybody's Darling? 138

8. Ausblick
   Die Bedeutung des Friedensnobelpreises für Afrika ... 151

Danksagung 159

Vorwort

Auf dem Flughafen von Paris erreichte mich die Nachricht: Wangari Maathai wird Friedensnobelpreisträgerin des Jahres 2004! Meine erste Reaktion war schier ungläubiges Staunen, war das Bedürfnis, mich dieser Entscheidung des Nobelkomitees zu vergewissern. Und tatsächlich: Aus ungläubigem Staunen wurde große Freude, wurde Dankbarkeit, wurde Aufbruchstimmung.

Wie oft schon hatte ich mit Wangari Maathai diskutiert, hatte mit ihr und vielen anderen Frauen und Kindern in Kenia Bäume gepflanzt. Wangari Maathai – diese afrikanische Frau, fest eingebunden in die uralten Traditionen ihres Kontinents, ihres Landes, ihres Stammes, mit dem Wissen, dass die Zerstörung dieser kulturellen und spirituellen Werte eng verbunden sein würde mit dem Verlust einer intakten, vielfältigen Natur und schließlich der Identität der Menschen. Kulturelle Verankerung ist der wichtigste Stabilisator in unserer Welt, die sich unter dem Zwang zur Globalisierung rapide verändert.

Wangari Maathai – diese wunderbar impulsive Frau mit ihrer Sprache, die gerade die einfachen Menschen ganz unmittelbar erreicht, hat eine ganz schlichte, aber umso stärkere Botschaft: Wer die Natur zerstört, zerstört die Zukunft von Menschen und riskiert damit Konflikte, Spannungen, ja Kriege. Bäume pflanzen als Symbol für den Frieden. Nachhaltige Entwicklung – Zukunft ermöglichen und gestalten durch Entwicklung, die nicht Raubbau betreibt, sondern auch die Zukunft bedenkt –, das ist vorsorgende Friedenspolitik.

Wangari Maathai – eine bewunderungswürdige Frau, die nicht nur protestierte und demonstrierte, sondern auch in dem Moment, in dem es möglich wurde, politische Verantwortung übernahm, mit überwältigender Mehrheit zur Parlamentsabgeordneten gewählt und zur stellvertretende Ministerin für Umweltschutz ernannt wurde.

Wangari Maathai – die Friedensnobelpreisträgerin Afrikas! Das ist mehr als ein Signal für Umwelt und Frieden. Diese Entscheidung beflügelt die Frauenbewegung Afrikas. Sie ehrt diese fantastischen Frauen, auf deren Schultern die Familien und ihr Überleben ruhen. Frauen, die über Kilometer und Stunden zur nächsten Wasserstelle laufen, die Feuerholz sammeln, die die Felder bestellen – bewunderungswürdige Frauen. Frauen, deren Chance auf Bildung oftmals weit hinter ihren Möglichkeiten zurücksteht. Wangari Maathai gibt ein Beispiel: Sie hat Biologie studiert und ist die erste Frau in Ost- und Zentralafrika, die einen Doktortitel erworben hat, Abteilungsleiterin im Institut für Veterinärmedizin an der Universität Nairobi geworden ist und dort dann als Professorin aktiv war. Unzählige Frauen werden dank der Auszeichnung durch diesen Lebensweg ermutigt – ein weiterer Beitrag zur nachhaltigen Entwicklung.

Nachhaltige Entwicklung, eine Entwicklung also, die soziales Gleichgewicht und ökologische Stabilität zum Ziel hat, ist vorsorgende Friedenspolitik. Die Wechselbeziehung von Umwelt, Frieden und Sicherheit ist durch den Nobelpreis für Wangari Maathai bestätigt worden.

Der Friedensnobelpreis für Wangari Maathai weist weit in die Zukunft, verpflichtet uns zum Erhalt der Schöpfung und damit zum Kampf gegen Klimawandel, Umweltzerstörung und Naturausbeutung.

Wangari Maathai ist ein Signal der Hoffnung auf eine friedlichere Welt.

Klaus Töpfer
Direktor des UN-Umweltprogramms (UNEP) in Nairobi

Einleitung
Der Triumph der „schwarzen Grünen"

Es ist Montag, der 11. Oktober 2004. Im idyllischen Park des UNO-Geländes in Gigiri-Nairobi erheben die Frauen ihre Stimmen zu lautem Trillern und Jubeln. Wangari Maathai ist tatsächlich gekommen. Ihr orangefarbenes, bodenlanges afrikanisches Gewand, die Kitenge, leuchtet unübersehbar vor dem grünen Gras. Sie wird gefeiert wie ein Star. „Asante sana, Mama", singt ein Chor aus voller Kehle, Mama, wir danken dir. Und dann tut die „Mutter der Bäume", was sie bei solchen Gelegenheiten immer tut. Sie pflanzt ein Bäumchen. Es ist ein afrikanischer Pflaumenbaum, auch „Rotes Stinkholz" genannt. Sie gießt ihn, und dann dreht sie sich um und spricht ein paar Worte zur Menge – dass der Erhalt der Wälder eine Frage von Leben und Tod ist und dass sie sich ermutigt fühlt durch ihre jüngste Auszeichnung. „Die Welt hat anerkannt, was wir auf der Graswurzelebene geleistet haben", sagt sie. Den Friedensnobelpreis verstehe sie als Aufforderung zum Weitermachen, als Unterstützung in ihrem Kampf für den Umweltschutz, die Gleichberechtigung der Frau und die Menschenrechte.

Im düsteren UN-Sitzungssaal eröffnet sie kurz darauf, unterbrochen von begeistertem Beifall, mit einer kurzen Rede die Weltkonferenz der Frauen für den Umweltschutz. Es sind lauter alte Freundinnen. Fast 20 Jahre zuvor hat Wangari Maathai am selben Ort die gleiche Konferenz eröffnet. Seit Jahrzehnten ist sie aus der globalen Ökologiebewegung nicht wegzudenken und schon lange gehört die 64-jährige Kenianerin zu den bekanntesten Frauen ihres Kontinents. Sie hat gelitten für ihre Ideale, sie wurde eingesperrt, verprügelt, verfolgt. Doch sie hat sich nicht einschüchtern lassen und mit ihrer Grüngürtel-Bewegung eine der größten Bürgerinitiativen Afrikas geschaffen. 30 Millionen Bäume soll das Green Belt Movement seit seiner Gründung 1977 afrikaweit gepflanzt haben, und allein in Kenia sollen ihm mehr als 6000 Frauengruppen angehören.

Wer ist diese Frau, die nun in einem Atemzug genannt wird mit Nelson Mandela und Desmond Tutu? Woher kommt Wangari Muta Maathai, die als erste afrikanische Frau den Friedensnobelpreis entgegennehmen kann? Und was bedeutet die Auszeichnung für sie, ihr Land und den Umweltschutz in Afrika?

Die vorliegende Biografie skizziert Wangari Maathais Lebensweg von der Dorfschülerin zur Wissenschaftlerin, von der Hochschuldozentin zur politischen Aktivistin, von der Pionierin des gewaltlosen Straßenkampfes zur stellvertretenden Ministerin für Umweltschutz. Aus dem adretten Kostüm der Studentin wurden mit den Jahren wallende Gewänder aus westafrikanischen und kongolesischen Stoffen, aus der hochtoupierten 60er-Jahre-Frisur wurden zeitweilig lange Afrozöpfe: Wangari Maathai ist stolz auf ihre afrikanische Herkunft und zeigt das auch.

Es ist ein spannendes Leben, ein Leben voller Widersprüche, Risiken und auch Niederlagen. Der Triumph des Friedensnobelpreises kam überraschend, selbst für Wangari Maathais glühendste Anhänger. „Die „schwarze Grüne" wird sie genannt. In den USA gilt sie als „militante Grüne", was nicht stimmt. Sie ist beharrlich bis zur Penetranz, sie ist energisch und mutig und kann in einer Gruppe sehr dominierend sein. Aber sie ist niemals aggressiv oder auch nur unhöflich. Ihre Strategie war immer die des gewaltfreien Widerstands, nie hat sie auch nur einen Stein in die Hand genommen, um sich gegen prügelnde Polizisten zu verteidigen. Vergleiche hinken immer, aber will man ihre historische Rolle auf einen Begriff bringen, dann ist sie das kenianische Pendant zur europäischen Frauen-, Anti-Atom- und Friedensbewegung. Und zwar alles in einer Person.

Als amtierendes Kabinettsmitglied in einer als korrupt geltenden Regierung ist die Professorin nun einer nur schwer erträglichen moralischen und politischen Zerreißprobe ausgesetzt. Ihre Bewegung, ja die ganze Welt erwartet, dass sie – ausgestattet mit der Autorität einer Friedensnobelpreisträgerin – wenigstens in ihrem eigenen Land etwas zum Besseren bewirkt. Mit dem Ruhm wächst der Druck. Wie wird die Politikerin damit umgehen?

Basierend auf Interviews mit Wangari Maathai, Recherchen in ihrer Heimat, Befragungen ihrer Zeitgenossen und Freunde sowie auf Archivstudien liegt hiermit die bislang einzige aktuelle Biografie der wohl berühmtesten Frau Afrikas vor.

Es ist der Versuch, die erste afrikanische Friedensnobelpreisträgerin einem interessierten Publikum vorzustellen. Sie ist berühmt, aber man weiß wenig über ihren Werdegang. Das Buch erhebt nicht den Anspruch, eine wissenschaftliche Darstellung zu sein, aber es bettet diese einzigartige Biografie ein in den historischen Kontext ihres Landes.

Kenia ist ein Land der Extreme. Hier gibt es Unterkünfte, in denen das Bett Tausend Euro pro Nacht kostet. Es gibt aber auch Menschen, die im Müll der Straße nach etwas Essbarem suchen müssen und keine 50 Cent haben, um ihrem Baby eine Tablette gegen Malaria kaufen zu können. Hier fahren die Superreichen mit dem Porsche Cayenne auf Safari, wenn sie nicht fliegen, während die Masse zu Fuß geht, ob zum nächsten Wasserloch oder zur sechs Kilometer entfernten Arbeitsstelle. Die Trampelpfade abseits der Straßen, das sind die eigentlichen Verkehrsadern Kenias. Reich ist die Natur, wunderschön die vielfältige Landschaft, freundlich sind die Menschen und entgegenkommend. Aber maßlos gierig sind die korrupten Eliten, nahezu ungebremst schreitet die Zerstörung der Wälder voran, und äußerst gewalttätig sind die Konflikte um Wasserquellen und Ackerland. Manchmal ist es schwer auszuhalten, dieses Leben inmitten der extremen Gegensätze, selbst für privilegierte Ausländer.

Als ich Wangari Maathai traf, trank sie heißes Wasser, um ihre Stimme zu pflegen. Es ist kein leichtes Los, Friedensnobelpreisträgerin zu sein. Jeder Pförtner will ihr die Hand schütteln, jeder noch so entfernte Verwandte will gratulieren, die Interviewanfragen gehen in die Hunderte. Sie muss reden, reden, reden. Wir trafen uns in einem Hotelfoyer in der City, und es bot sich ein Bild, wie es nur in Kenia zu finden ist. An dem einen Tisch sitzt Wangari Maathai, ein wenig abgekämpft, aber wie immer liebenswürdig und freundlich lächelnd. Rechts am Nebentisch sitzt einer der schlimmsten Kriegsverbrecher Afrikas, General Morgan aus Somalia, genannt „der Schlächter von Hargeisa". Vor kurzem noch hat er versucht, mit seiner Miliz die Hafenstadt Kismayu einzunehmen, obwohl zu dem Zeitpunkt die Wahl des neuen Präsidenten Somalias schon bevorstand und ausnahmslos alle Somalis auf Friedenskurs eingeschworen waren. Er wurde geschlagen und floh nach Kenia.

Mit seinem langen Ziegenbart und dem eiförmigen, kahlen Schädel sieht General Morgan aus wie seine eigene Karikatur. Nun sitzen sie da, im gleichen Raum, der Kriegsverbrecher und die Friedensnobelpreisträgerin. Das ist Afrika.

Ist sie eigentlich froh darüber, dass man sie „Mama Miti" nennt, die Mutter der Bäume? Sie lacht. „Was kann ich machen? Ich pflanze sie ja die ganze Zeit, jeden Tag."

Nairobi, im November 2004

1. „Sie war früher nie so stur"
Eine Kindheit am Mount Kenya

Tief hängen die Regenwolken über den Bergen. Nur hie und da dringt ein Sonnenstrahl durch und beleuchtet die steilen Hänge, auf denen hellgrün der Tee leuchtet, dazwischen die dunklen Kaffeestauden. Bunte Kopftücher tauchen auf aus dem Meer von Grün. Die Teepflückerinnen sind bei der Arbeit – wie immer, wenn nach einem kräftigen Regenguss die frischen Teeblätter schießen. Grün ist die alles beherrschende Farbe an diesem Regentag in den Ausläufern der Aberdares-Gebirgskette. In allen denkbaren verschiedenen Tönungen leuchten die Wiesen, der Mais, die Bananenblätter, die Sträucher und Bäume. Geschlossene Waldflächen sind nicht zu sehen, dafür wird das Land viel zu intensiv bewirtschaftet. Aber in den feuchten Niederungen gibt es Büsche und große Sträucher, und die schlammigen Kammstraßen sind gesäumt von Eukalyptusbäumen.

Vereinzelt setzt das Lila der blühenden Jacarandas Akzente, so auch am Eingang zu Wangari Maathais elterlichem Hof. Es ist eines der höchstgelegenen Anwesen hier in Ihithe, ihrem Heimatort. „Ja, hier ist ‚Professor' aufgewachsen", bestätigt ihr Neffe Peter Muta, „das Haus hat auch früher schon so ausgesehen." „Professor", sagt der junge Mann, nicht etwa „Tante" oder „Wangari". Mit den Fingern streicht er über die rissige Außenwand der historischen Wohnstätte, für die sich plötzlich die ganze Welt interessiert. Ein Lehmbau ist es, typisch für die Gegend. Um genau zu sein: Es ist ein Haus aus glatt verputztem Schlamm über einem Gerippe aus Ästen und Pfählen, bedeckt mit einem Blechdach. Ein lang gestrecktes Hauptgebäude, kaum größer als ein deutsches Reihenhauswohnzimmer, unterteilt in fünf winzige Kammern, von denen eine bei schlechtem Wetter das Wohnzimmer gewesen sein mag für Regentage wie heute, wenn auch der dichte Baumbestand neben der Hütte keinen Schutz mehr vor den niederprasselnden Tropfen bietet. Die Kaninchen, die Peter Muta züchtet, ducken sich in ihrem Verschlag unter dem Dachsims. Acht Kühe hält er auf dem Anwesen, was auf bescheidenen Wohlstand hindeutet, denn die meisten Höfe haben nur eine Kuh, wenn überhaupt.

Links neben dem Eingang des Hauptgebäudes befindet sich die vergleichsweise geräumige Küchenhütte, etwa drei mal drei Meter groß, auf dem Boden liegen Blechtiegel und ein Vorratssack. Die Luft ist rauchgeschwängert, die Wände sind vom Ruß geschwärzt. Bis heute sind solche Küchen das Zentrum der meisten afrikanischen Haushalte, denn hier befindet sich die Feuerstelle. Die drei Steine, die das Feuer umrahmen und die Töpfe über der Glut stützen, werden seit Generationen von der Familie mit in jedes neue Haus genommen. Früher durfte dieses Feuer nie ausgehen, doch an diesem eiskalten Tag im Oktober ist es erloschen. Auf 2080 Metern Höhe liegt Wangari Maathais Elternhaus, dieselbe Lage in Österreich wäre um diese Jahreszeit schon schneesicher. Vor allem in der Regenzeit kann es hier oben empfindlich kalt werden, wenn die Erde dampft, die Kleider und die Wände der Häuser sich voll saugen mit Feuchtigkeit. Dass in dieser Höhe eine Empfänglichkeit für rheumatische Erkrankungen entsteht, wie auch bei Wangari Maathai, das ist nur zu gut nachvollziehbar. Sogar Hagel und Schnee gibt es von Zeit zu Zeit in den Bergen Kenias, nicht nur auf dem Gipfel des nahe gelegenen Mount Kenya.

Dass es in Afrika immer schön warm ist, das ist genauso ein Vorurteil wie die Annahme, dass in Afrika die Uhren langsamer gehen. Gemächlicher sei das Leben, es gebe in den Dörfern nicht die Hektik der modernen Industriegesellschaft, behaupten manche in romantisierender Verkennung der harschen Wirklichkeit. Vielleicht gilt das Privileg der Gemächlichkeit für die Männer und die

Alten, wenn sie keiner Lohnarbeit nachgehen. Für die Frauen und Mädchen gilt es gewiss nicht, denn auf ihnen lastet die Bürde der Haushaltsführung. Wer kann sich das schon noch vorstellen heutzutage in Westeuropa? Es ist ein Leben ohne Strom, es gibt weder Wasch- noch Spülmaschine, kein fließendes Wasser und keinen Supermarkt um die Ecke, wo das polierte Gemüse parat liegt und die Fertigpizzen im Kühlregal auf hungrige Kunden warten. Bargeld ist knapp auf dem Lande in Kenia, denn die Feldfrüchte bringen keine Reichtümer ein. Alle bauen das Gleiche an. Gibt es eine gute Ernte, dann gibt es gleich ein Überangebot an Mais oder Tomaten und der Preis verfällt. Bei Dürre reicht der Ertrag kaum, das eigene Überleben zu sichern. Wangaris Mutter Lydia Wanjiru hat deshalb irgendwann begonnen, Pyrethrum anzubauen, niedrige weiß blühende Blumen, die den Grundstoff aller Mückensprays bilden. Kenia hat weltweit nahezu eine Monopolstellung für Pyrethrum inne, aber reich sind Kleinbauern wie Wangari Maathais Eltern auch damit nicht geworden, obwohl ihr Landsitz mehrere Hektar umfasste. Ein Hof in Kenia ist heute in der Regel viel kleiner, nicht größer als ein halbes Fußballfeld. Das reicht in den seltensten Fällen, um eine Familie zu ernähren.

Umso wichtiger ist der Ertrag der Äcker, und es ist die Aufgabe der Frauen und Mädchen, die Felder zu bestellen. Sie müssen den schweren Boden aufhacken, düngen, säen, wässern. Sie schleppen Wasser und Feuerholz herbei, kochen das Essen, waschen die Wäsche, melken Kühe und Ziegen und kümmern sich um die Kinder. Der Tag ist selten lang genug, all die Arbeit zu bewältigen, und schon früh werden die älteren Kinder mit eingespannt in häusliche Dienste. Die Männer versuchen, bezahlte Jobs zu ergattern, oder sie hüten das Vieh. Die alten Heiler sammeln Kräuter und Baumrinden, um daraus Tees und Pasten herzustellen. Diese sollen helfen gegen Durchfall oder Gelenkschmerzen oder gegen das berühmte „homa", das Fieber, das in dieser Gegend für alle möglichen Erkrankungen steht. Nur Malaria, neben Aids wohl Afrikas schlimmste Geißel, hat sich in dieser Höhe nicht ausbreiten können: Es ist zu kalt für die Anopheles-Mücken, die den Malariaerreger auf ihre Opfer übertragen.

Den Großteil ihres Wissens behalten die alten Heiler bis heute für sich, doch längst versuchen auch Kenias Universitäten daran teilzuhaben. Die Kenyatta-Universität in Nairobi hat einige der Heiler sogar fest angestellt, um die Heilpflanzen besser erforschen zu können. Im Laufe der vergangenen Jahrzehnte ist es immer mehr alten Frauen gelungen, am Geheimwissen der Männer teilzuhaben, und so verbrachte Wangari Maathai, wenn sie aus Nairobi zu Besuch kam, viele Stunden mit ihrer Mutter und sprach über den heilenden Segen, den der benachbarte Wald bereit hielt, über die Bedeutung der Bäume für die Kikuyu-Kultur. Später schimpfte sie mit ihrer alten Mutter, wenn sie die vom Green Belt Movement geförderte kleine Baumschule auf dem Hof nicht in Schuss hielt. Sie konnten heftig miteinander streiten – „eiserne Ladys" nannte das Kulturmagazin „Drum" die beiden.

„Das war früher nicht so", sagte die alte Dame 1990 in einem Zeitungsinterview. Wangari sei immer „das liebste Kind gewesen, als sie jung war. Niemand hatte je ein Problem mit ihr, ganz im Gegensatz zu heute, da kann sie so stur sein." Hochbetagt, im Alter von 94 Jahren, ist Lydia Wanjiru im Jahr 2000 gestorben, und bis zum Schluss hat sie den Kampf ihrer ältesten Tochter gegen Kenias korrupte Landräuber wohl nicht ganz verstanden. Es sei gut, dass ihre Tochter kein Feigling sei, sagte sie, „ich mag keine Feiglinge, aber kämpft sie für das Land unserer Familie? Hat die Familie irgendeinen Nutzen von dem Streit, in den meine Tochter verwickelt ist?"

Die Familie, die Großfamilie, ist bis heute Dreh- und Angelpunkt der kenianischen Gesellschaft. Die Kinder müssen sich einfügen in das Leben der Familie, das war und ist das vornehmste Ziel der Erziehung, nicht etwa die Förderung der Individualität. Sie werden gewiss nicht dazu erzogen, gesellschaftliche oder familiäre Autoritäten in Frage zu stellen. Kenianische Kinder können unglaublich brav sein und zurückhaltend. Fast eingeschüchtert wirken sie, und tatsächlich werden sie vielfach bei Fehlverhalten bis heute auch in den Schulen körperlich misshandelt. „Oh ja, es gab damals schon Strafen für die Kinder", sagt Wangari Maathais Tante Rahab Wamuchi Ngunjiri. „Wir haben sie in die Wange gekniffen oder auch mal mit einem Stöckchen verhauen", berichtet die Greisin. „Aber bei Wangari war das nie nötig. Sie war immer ein gutes Kind, sie hatte einen guten Charakter", gibt die älteste Verwandte Wangari Maathais zu Protokoll. Ihrer Meinung nach lag das an Wangaris spezieller Rolle in der Familie. Sie musste die Vernünftigste und Diszipliniertste sein, denn sie war die erstgeborene Tochter, und als solche musste sie für die nachfolgenden Kinder, vor allem für die Mädchen, ein Vorbild sein und teilweise auch mütterliche Funktionen übernehmen. Sie musste sie herumtragen, sie beaufsichtigen, ihnen zeigen, wie man mit der großen Kalebasse, einem Kürbiskrug, Wasser aus dem zweieinhalb Kilometer entfernten Fluss herbeischleppen konnte. Wangari wusste, wo trockenes Feuerholz zu finden war, und sie konnte es sich auf den Rücken binden, den Tragegurt über die Stirn schnallen und heimwärts tragen. Die Kikuyus tragen ihre Lasten im Gegensatz zu vielen afrikanischen Ethnien nicht auf dem Kopf. Selbst aus dem Stadtbild Nairobis sind bis heute die menschlichen Lastesel nicht wegzudenken, steinalte Frauen, die riesige Lasten an armdicken Ästen auf ihren Rücken davontragen und sich mit tief gebeugtem Kopf in den Gurt legen. Die Brennholzbündel sind – ein Test hat es bewiesen – für einen ungeübten Mann zu schwer.

„Wangari hat sich nie vor diesen Arbeiten gedrückt", sagt ihre Tante Rahab, die angeblich 80 ist, aber weit älter zu sein scheint, als sie sagt. Ihre Ohrläppchen sind nach traditioneller Sitte so weit ausgestanzt, dass ein Marmeladenglas durch die Öffnung passen würde. Ihr Haus liegt im Tal, etwa 100 Meter tiefer als Wangari Maathais Elternhaus. Im zerrissenen Pullover sitzt sie aufrecht auf der selbst gezimmerten „Sofagarnitur" im Familienwohnzimmer. Die Wände sind zum Schutz gegen die Nässe mit Zeitungen tapeziert. Und mit politischen Plakaten. „Kibaki for President" ist da zu lesen, und gleich darüber hängt ein Werbekalender der Präsidentschaftskandidatin Wangari Maathai aus dem Jahr 1997. Dies ist Wangaris Zuhause, daran besteht kein Zweifel. Die Menschen verehren und lieben sie. „Wenn sie kommt, kochen wir Irio für sie, das isst sie gern", sagt Peter Muta. Irio ist ein Brei aus gestampften Bohnen oder Erbsen, gemischt mit Mais und Kartoffeln. An Sonntagen geht Wangaari Maathai mit ihren Familienangehörigen in die katholische Kirche in Ihithe, aber sie besucht auch die religiösen Zeremonien anderer Kirchen ihres Wahlkreises. „Wann kommt sie denn mal wieder, damit ich sie drücken und küssen kann?", fragt die alte Tante Rahab und lacht. Sie lacht ein wenig wie Wangari Maathai, herzlich und heiser, und zieht dabei die Nase kraus wie ihre berühmte Nichte.

Wangari Muta Maathai wurde am 1. April 1940 als zweites von sechs Kindern in Kanungu im Distrikt Nyeri geboren, rund zwei Stunden Autofahrt von Nairobi entfernt. Wangari ist der Name eines der neun Clans der Kikuyu, sagt ihre Tante. Die „Angare" stammen der Legende nach von einer der neun Töchter der Kikuyu-Urmutter Mumbi ab. Wangaris Vater Muta lebte der Tradition gemäß polygam, er hatte insgesamt vier Frauen. Mit drei der Frauen lebte er in der Nähe von Nakuru, rund 100 Kilometer westlich von der Distrikthauptstadt Nyeri, auf der anderen Seite der Aberdares. Lydia Wanjira lebte auf der östlichen Seite der Berge, knapp 20 Kilometer von Nyeri entfernt. Während des Krieges hatte ihr Mann den Hof nach Ihithe in den

Ortsteil Kapingoria verlegt. Zufällig ist Kapingoria auch der Name des Ortes, wo der spätere Präsident Jomo Kenyatta von den Briten gefangen gehalten wurde, doch gibt es Orte desselben Namens mehrfach in Kenia. In den späten 40er Jahren konnte eine Familie noch ihren Wohnsitz wechseln, wenn der Chief, die Ältesten und die Kolonialverwaltung zustimmten und das Land nicht einem Weißen überschrieben worden war. Landknappheit bedrohte den sozialen Frieden schon in den 30er Jahren, vor allem, weil das fruchtbare Hochland den Weißen vorbehalten war und die Afrikaner in kleine Reservate verbannt wurden. Etwa 3000 weiße Siedler besaßen genau so viel Land wie eine Million Kikuyus in den Reservaten. Aber Kenia war damals bei weitem nicht so überbevölkert wie heute. Zur Unabhängigkeit 1963 musste das Land nur 8 Millionen Einwohner ernähren. Heute drängen sich 32 Millionen Menschen auf einer Fläche, die fast zweimal so groß ist wie die Bundesrepublik, aber zum größten Teil aus Halbwüste besteht.

Der 1984 verstorbene Muta wollte die Familie seiner Frau Lydia Wanjira in Ihithe zusammenführen. „Auch aus Sicherheitsgründen", sagt seine Schwägerin Rahab. Die Familie war gespalten in Unterstützer der Mau-Mau-Rebellen und solche, die sich lieber neutral verhielten. Muta blieb lieber neutral. Als Angestellter eines weißen Bauern könnte Muta in den Augen der radikaleren Unabhängigkeitskämpfer als Verräter gegolten haben. Aber er war keinesfalls ein Duckmäuser: Er beugte sich der Realität, aber er wusste auch, dass der weiße Mann nur ein Gast auf dem Land seiner Vorfahren war. In den Zeitungen kursiert die Legende, er habe seinen weißen Arbeitgeber sogar einmal verprügelt. Doch die Dorfbewohner in Ihithe erinnern den Vorfall anders. „Er hat den weißen Fahrer eines Kraftwagens verhauen, weil der ihn rüde anherrschte, er solle gefälligst Platz machen auf dem schmalen Waldweg", berichtet ein alter Nachbar. Muta forderte Respekt ein, und er galt als außergewöhnlich kräftiger Mann. Einmal soll er einen tobenden Esel mit bloßen Händen auf den Boden gezwungen haben. Vielleicht hatte er während der Mau-Mau-Wirren den Eindruck, sein Dienstverhältnis zu einem Weißen gefährde seine Familie, doch den Job als Kraftfahrer und Mechaniker wollte er auf keinen Fall aufgeben. Diese Arbeit brachte ihm, seiner Frau und den sechs Kindern wenigstens etwas Bargeld ein. Es war umso wichtiger, als die 40er Jahre durch wiederkehrende Dürren gekennzeichnet waren, sagt Rahab Wamuchi Ngunjiri. Ohne dieses Geld hätte er seine Kinder nicht zur Schule schicken können. Für Schuluniformen und Bücher musste Muta aufkommen, und die Gebühren der Oberschulen waren für einen Kleinbauern damals wie heute kaum erschwinglich. Muta sorgte dafür, dass alle seine Kinder wenigstens bis zum 16. Lebensjahr zur Schule gehen und lernen konnten.

Er selbst konnte kaum lesen und schreiben, aber er hatte auf seiner Arbeitsstelle offenbar den Eindruck gewonnen, dass nur eine bessere Ausbildung seinen Kindern eine Zukunft sichern könnte, zumal ihm klar war, dass eine Zerstückelung seines Hofes und die Aufteilung unter den Erben die Produktivität des Landes senken würde. Eine Landreform, wie sie in Preußen zu Beginn des 19. Jahrhunderts durchgeführt wurde, hat es in Kenia nicht gegeben. Die Bauern splittern ihre Höfe in winzige Parzellen auf, damit nur ja alle Söhne – die Töchter nicht unbedingt – ein Stück Land erben. Das Ergebnis sind Armut und Hunger selbst in fruchtbaren Landstrichen, da die Höfe zu klein sind, um die Familien zu ernähren. Mutas Weitsicht hat sich nicht nur im Falle Wangari Maathais ausgezahlt. Einer seiner Söhne wurde Division Officer, Verwaltungschef eines Landkreises. Ein weiterer wurde Direktor einer weiterführenden Schule. Seine Tochter Wangari wurde Friedensnobelpreisträgerin, „aber das wusste in jenen Tagen nur der liebe Gott", sagt Tante Rahab. Wangari sei ein ganz normales Kind gewesen, bescheiden und liebenswürdig. An Festtagen rannte sie mit kleinen Geschenken zu Nachbarskindern.

Zur Bedeutung der Bäume für die Kikuyus

Mit einem Baum fing alles an. Ngai, der Gott, gab Gikuyu, dem Stammvater der Kikuyus, das Land südwestlich des Mount Kenya. Herzstück des Landes war ein Feigenbaumwald namens Mukurue wa Gathanga, was übersetzt so viel wie „der Baum der Baustelle" heißt. Der Platz im heutigen Distrikt Kirinyaga wird noch immer als Heiligtum der Vorfahren respektiert. Gott gab Gikuyu eine Frau, Mumbi, und sie hatten neun Töchter, die die Mütter der neun Kikuyu-Clans wurden. Mit dieser Legende verschafften sich die Kikuyus eine Art göttlichen Anspruch auf ihr Land und schufen den Mythos von der Einheit ihres Volkes. Ihre dem Bantu-Sprachstamm zuzurechnenden Vorfahren waren aus mehreren Gruppen hervorgegangen, die seit dem 12. Jahrhundert aus dem Südwesten Afrikas in die Mount-Kenya-Gegend übersiedelten und sich mit den dort lebenden Gruppen mischten. Etwa seit Mitte des 16. Jahrhunderts kann von der Kikuyu-Ethnie gesprochen werden, die sich durch besondere Geschäftstüchtigkeit und die Tatsache auszeichnete, dass sie dem Land Ernteüberschüsse abgewann, die sie zum Handel nutzte. Es sollen Kikuyus gewesen sein, die die ersten Expeditionen der europäischen Afrika-Entdecker mit Nahrungsmitteln versorgten.

Wangari Maathai hat immer wieder über die Bedeutung der kulturellen Identität einer Ethnie für den Schutz der Umwelt gesprochen. Für das deutsche Goethe-Institut in Nairobi eröffnete sie 2004 das „Alpenfestival", eine Fotoausstellung zum Thema „Facing Mountains", und erörterte dabei, was ihrer Meinung nach zur kulturellen Identität eines „Volkes" gehört. Konkret hat sie sich auf ihre eigene Ethnie, die Kikuyus bezogen und auf deren inzwischen gestörtes Verhältnis zur Natur und zum heiligen Berg der Kikuyus, dem Mount Kenya. Sowohl für die Nomaden Nordkenias, die häufig wegen Überweidung angeprangert werden, als auch im Falle ehemaliger Wanderfeldbauern wie der Kikuyus gilt es als nachgewiesen, dass westliche Einflüsse ihren ehemals nachhaltigen Umgang mit den natürlichen Ressourcen ins Gegenteil verkehrt haben. Wichtige Kenntnisse über das Zusammenspiel von Mensch und Natur gingen verloren, und wichtige Traditionen wurden verworfen. Für die Kikuyu-Ethnie, deren Mitglieder ein Drittel der Bevölkerung Kenias stellen und damit die größte Gruppe, hat das kaum jemand besser illustriert als Elspeth Huxley. Die britische Journalistin, Ethnologin und Schriftstellerin hat die Ergebnisse einer ethnologischen Studie in Romanform verpackt. Sie hatte in den 30er Jahren damit begonnen, alte Kenianer über ihre Erfahrungen mit den weißen Eindringlingen aus den Anfängen der Kolonialzeit zu befragen. „Red Strangers", Rote Fremde, heißt das Buch in Anspielung auf die oft sonnenverbrannte Haut der weißen Einwanderer.

Im Kern hat Huxley herausgefunden, dass die Kikuyus ein sehr zwiespältiges Verhältnis zu ihrer natürlichen Umwelt hatten, vor allem zum Wald. Sie hassten den Wald, aber sie respektierten ihn auch. Wer eine Familie gründen wollte am Mount Kenya, dem wurde von den Ältesten ein Stück Wald zur Rodung zugewiesen. Mit Hacke und Feuer musste der Vegetation ein Stück urbares Land abgetrotzt werden, auf dem dann Hirse, Bohnen und andere Feldfrüchte angebaut wurden. Der Wald stellte das fruchtbare Land zur Verfügung, und dafür waren die Kikuyus dankbar. Der Wald beherbergte aber auch die schlimmsten Feinde der Ackerbauern. Dort nisteten die Vögel, die die Hirse auffraßen. Von dort kamen die Waldelefanten, die die Felder verwüsteten. Das Gestrüpp des Waldes drohte den Acker zu überwuchern und musste zurückgeschnitten werden. Und nicht zuletzt wohnten im Wald die gefürchteten bösen Geister.

Das gerodete Waldstück bewirtschaftete eine Kikuyu-Familie so lange, bis der Boden nicht mehr genug hergab für eine Ernte. Dann zog die Familie weiter und ließ den Wald sein Land zurückerobern. Da die Kikuyus aus Respekt vor den Bäumen deren Wurzeln im Boden beließen und um die Wurzeln herum ihr Getreide anpflanzten, erodierte das Land nicht so leicht. Als die weißen Siedler kamen, waren die Kikuyus zunächst geschockt: Mit Ochsengespannen zerrten die weißen Bauern das Wurzelwerk der Bäume aus den Äckern, damit sie den Boden effizienter mit dem Pflug bearbeiten konnten.

Selbst vor den Feigenbäumen, dem Mugumo-Baum (ficus thonningii), machten die Hacken der weißen Kolonialisten nicht halt. Der Feigenbaum aber war den Kikuyus heilig. „Das war unsere Kirche früher, unser Versammlungsort", berichtet Rahab Wamuchi Ngunjiri, „dort haben wir zu Ngai gebetet, unserem Gott." Die alten Feigenbäume sind bis heute in Kenia ein Symbol für Kraft und Unbeugsamkeit. Ihre Stämme erreichen einen Umfang von mehreren Metern, die Baumkronen sind ausladend wie ein Hallendach. In vielen Orten markieren sie den Mittelpunkt des dörflichen Lebens, den Marktplatz, den Ort für Beratungen der Gemeinde. Wo kein Feigenbaum zu finden war, konnte die Gemeinde auch mit dem kleineren Muiri-Baum (prunus africana) vorlieb nehmen, dem Afrikanischen Pflaumenbaum, um zu beten oder dem Gott Opfer in Form von Ziegen oder Hühnern darzureichen und ihn um Erfolg im nächsten Kriegszug oder um Regen zu bitten. „Es ist eine allgemein akzeptierte Tatsache, dass heute im Kikuyu-Land viel weniger Regen fällt als früher", schrieb Jomo Kenyatta schon in den 50er Jahren des 20. Jahrhunderts in seinen Memoiren „Facing Mount Kenya". Ursache sei vor allem die Zerstörung der Wälder, ein Ergebnis des Landraubs durch die Weißen. Der selten gewordene Feigenbaum hatte Bedeutung auch für kleinste Details der Kikuyu-Riten. Eine Opferziege beispielsweise durfte nicht geraubt werden, sondern allenfalls eingetauscht gegen Honig. Dieser Honig wiederum musste aus einem Bienenstock in einem der heiligen Feigenbäume kommen. In der Vorstellung der Kikuyus umschwirrten die Geister der Ahnen die heiligen Bäume und sicherten die Unantastbarkeit der mächtigen Gewächse.

„Diese Haltung ist einer rücksichtslosen Abholzmentalität gewichen", bemängelt der Forstexperte des UN-Umweltprogramms UNEP, Jens Mackensen. Die einst durch Ehrfurcht und Respekt geprägte Haltung gegenüber den Bäumen habe sich deutlich verändert, glaubt der Wissenschaftler. Ähnliche für die Ökologie schädliche kulturelle Zerfallsprozesse wie bei den Kikuyus habe er auch schon in Ghana oder in Indonesien beobachten können. „Ein Baum ist entweder lästig oder lukrativ. In beiden Fällen wird er abgehackt", bilanziert der in Nairobi ansässige Umweltschützer. Diese Mentalität aus den Köpfen hinauszukriegen nach dem Motto „Nicht nur abhacken, sondern auch pflanzen", das sei weltweit eine sehr schwierige Herausforderung. Wangari Maathai habe sich dieser Aufgabe gestellt und viel erreicht, glaubt Waldfreund Mackensen. Für sie steht seit langem fest, dass nur ein Volk, das sich seiner kulturellen Wurzeln bewusst ist, auch in Frieden mit seiner natürlichen Umwelt leben kann.

Mau-Mau-Kämpfer in der Nachbarschaft: Kenias Kampf um die Unabhängigkeit

Kenia ist unbestritten eines der schönsten Reiseländer Afrikas, daran hat auch der Massentourismus der 80er Jahre nichts ändern können. Die Landschaft ist von wohl einmaliger Vielseitigkeit. Der schneebedeckte Gipfel des Mount Kenya reizt die Safari-

Reisenden ebenso wie der tropische Regenwald in Kakamega im Westen. In Mombasa und Malindi locken von Palmen gesäumte Strände, im Norden der Turkanasee inmitten einer malerischen Halbwüste. Die bis heute bestehende Vielfalt der indigenen Völker und der Reichtum an bedrohten Tier- und Pflanzenarten, nicht nur in den fast 30 Nationalparks, machen Kenia für viele Touristen attraktiv, aber auch zu einem bevorzugten Standort für Entwicklungshelfer und UN-Angestellte, die die meisten Devisen ins Land bringen. Die Artenvielfalt des Massai-Mara-Schutzgebietes nahe der tansanischen Grenze etwa wird nur von den Ökosystemen der Meere, namentlich dem Great Barrier Reef vor Australien, noch übertroffen. Um nur ein Beispiel zu nennen: In der Massai Mara leben bis zu 400 verschiedene Vogelarten. Viele von ihnen sind andernorts längst ausgestorben.

Ähnlich wie Uganda gilt Kenia als armes, aber als einigermaßen stabiles und friedliches Land – eine Seltenheit in Ost- und Zentralafrika. Weitgehend ignoriert wird die Tatsache, dass in Nord-Uganda ein blutiger Bürgerkrieg herrscht, der inzwischen mehr als eine Million Menschen von ihrem Land vertrieben hat. Verdrängt ist die Tatsache, dass auch Kenia immer wieder heimgesucht wird von tödlichen, ethnischen Konflikten, die sich um den Besitz an Vieh und Land drehen. Nahezu jedes Kenia-Buch ist geschmückt mit einem Einband voller mächtiger Schirmakazien bei Sonnenuntergang. Was angesichts idyllischer Landschaftsaufnahmen und schwülstiger europäisch-kenianischer, „wahrer" Liebesgeschichten wie „Die weiße Massai" vollends in Vergessenheit geraten ist, ist die brutale koloniale Unterdrückung, der das Land und seine Bewohner bis vor 40 Jahren noch ausgesetzt waren. Insbesondere die Frage der Landverteilung ist ein bis heute ungeklärtes Erbe dieser Zeit. Afrikanische Spitzenpolitiker wie Ugandas Präsident Joweri Museveni, Nigerias Olusegun Obasanjo oder Südafrikas Thabo Mbeki haben zwar längst damit aufgehört, die Kolonialisten für die Unterentwicklung und die aktuellen politischen Unzulänglichkeiten verantwortlich zu machen. Dennoch hat die Kolonialzeit heute noch lebende Generationen geprägt und wirkt bis heute fort.

Wangari Maathai hat diese Zeit noch miterlebt, und die Befreiung vom kolonialen Joch gehört zur Geschichte ihrer Kindheit und Jugend wie der Mythos vom heiligen Baum der Kikuyus. Der Aufstand der Mau Mau, die das Land mit militärischen Mitteln befreien wollten und damit den Anfang vom Ende der Kolonialzeit markierten, fand vor ihrer elterlichen Haustür statt. Die Gebirgskette des Mau-Escarpment, in dessen Wäldern sich die zumeist aus Kikuyus bestehende Armee der Aufständischen versteckt hielt, lag nur 100 Kilometer von ihrem Wohnort entfernt. Die Mau Mau operierten am Mount Kenya ebenso wie in den Aberdares. Schon in den 40er Jahren hatten sie geheime Zellen gebildet. Anfang der 50er Jahre waren sie bereit loszuschlagen.

Wangari Maathai war zwölf Jahre alt, als die Briten den Ausnahmezustand über die Kolonie verhängten, am 20. Oktober 1952. In derselben Nacht wurden Jomo Kenyatta und 82 Mitstreiter inhaftiert. Am Rande des Victoriasees errichteten die Briten riesige Internierungslager für Zehntausende von Aufständischen. Mehrere Bataillone der King's African Rifles, der schwarzen Kolonialarmee, wurden nach Kenia verlegt. Unter ihnen befand sich auch der spätere ugandische Diktator und Massenmörder Idi Amin, der mehr als einen Mau-Mau-Kämpfer mit eigenen Händen erwürgt haben will. Hunderttausende von Kikuyus wurden zwangsumgesiedelt in so genannte Wehrdörfer, wo sie besser zu kontrollieren waren. „Wir wurden wie Affen behandelt", so die letzte überlebende Mau-Mau-Feldmarschallin, Muthoni wa Kirima, im Jahr 2002 gegenüber dem WDR-Reporter Ralph Sina. „Wir wurden von den weißen Landräubern wie Sklaven, wie Vieh gehalten. Wir durften noch nicht einmal Kaffee oder Tee anbauen." Die Arbeitszeiten von 7 bis 17 Uhr ließen den Einheimischen keine Zeit, die eigenen Felder zu bestellen. Besonders erzürnt war die heute 73-jährige Chefin einer Wach- und Schließgesellschaft darüber, dass die Briten den Passzwang wieder einführten: „Wir mussten ihn vorzeigen, bevor wir weitergehen durften."

Bald stand Mau Mau für nächtliche Mordserien, mit denen die Guerilla die weißen Farmer zu terrorisieren suchte. Die Aufständischen töteten 32 britische Siedler. Das Kürzel Mau Mau, so behauptet die Feldmarschallin Muthoni, setzte sich aus den Anfangsbuchstaben des Kampfrufes der Guerilla zusammen: Mzungu aende ulaya, Muafrica apate uhuru! Er bedeutet auf Kisuaheli: „Der weiße Mann soll in sein Land zurückkehren, damit Afrika frei sein kann!" Selbst mit 50 000 Soldaten wurden die Briten der 20 000 Mau Mau anfänglich nicht Herr. Die in viele kleine, flexible Einheiten aufgeteilte Guerilla hielt sich in den bewaldeten Bergen versteckt und konnte nur durch Verräter aufgespürt werden.

Zum Verhängnis wurden den Mau Mau, dass es ihnen nicht gelang, genügend Unterstützung in der Bevölkerung zu gewinnen. Grund dafür war vor allem die Grausamkeit, mit der sie vorgingen: Insgesamt 1800 Angehörige des Kikuyu-Volkes, die sie der Kollaboration mit dem weißen Unterdrücker verdächtigten, wurden mit der Machete erschlagen. Wer sich der Zusammenarbeit verweigerte, wurde gefoltert. Mit eigentümlichen Blutschwüren und Tabu brechenden Ritualen wie dem Verzehr weiblichen Menstruationsblutes sollen die Mau Mau versucht haben, ihre Mitglieder zu Geheimhaltung und Treue zu verpflichten. Doch immer wieder gelang es den Briten, Spitzel zu platzieren und Rebellengruppen auszuheben. Schließlich konnten sie den Anführer, Dedan Kimathi, in einen Hinterhalt locken. Nach kurzem Prozess vor dem Kriegsgericht wurde er gehängt. Damit waren die Tage der Aufständischen gezählt. Vier Jahre nach Beginn des Krieges bracht die Erhebung zusammen, mehr als 11 000 Mau-Mau-Kämpfer fanden dabei den Tod.

Die britische Kolonialverwaltung erkannte trotz ihres Sieges, dass die Kolonialzeit ein Ende nehmen musste. Kolonien wurden im Kalten Krieg, dem Ringen zwischen der so genannten freien westlichen Welt gegen den kommunistischen Ostblock zu einem nicht mehr vertretbaren moralischen Ballast. Außerdem rechneten sich die Investitionen in die überseeischen Besitzungen nur in den seltensten Fällen. Die USA drängten Großbritannien, den engsten Verbündeten, die Kolonien in die Unabhängigkeit zu entlassen. Zudem hatte der Mau-Mau-Krieg den Briten vor Augen geführt, wie verwundbar die Kolonie war.

Den rund 70 000 weißen Siedlern wollte Großbritannien die Macht im Land jedoch nicht überlassen, sehr zu deren Enttäuschung. Viele von ihnen hatten nach einer politischen Hegemonie nach dem Vorbild Simbabwes oder Südafrikas gestrebt. Seit Beginn des 20. Jahrhunderts hatten die weißen Siedler, allen voran ihr Anführer Lord Delamere, das kenianische Hochland für sich reklamiert: „Gebt mir hunderttausend Morgen, Sir. Und ich werde zeigen, dass dieses Kenia-Hochland weder Kanada noch Neuseeland nachsteht", schrieb Delamere seinem Gouverneur – und bekam die gewünschte Fläche zwischen den Aberdares und dem Lake Naivasha. „Dieses Gebiet ist unbewohnt", hatte der britische Kolonialist Frederic Lugat 1902 behauptet. Eine Lüge: Im Mount-Kenya-Hochland, auf einer Fläche von der Größe Nordrhein-Westfalens, lebten zu der Zeit eine halbe Million Kikuyus. An einem menschenleeren Gebiet waren die Siedler auch gar nicht interessiert, da sie dringend Arbeitskräfte brauchten. Die Einwanderer waren zu einem bedeutenden Teil äußerst rassistisch und auch antisemitisch gesonnen. In ihrem wichtigsten Treffpunkt, dem Muthaiga-Club in Nairobi, waren Juden erst ab 1945 zugelassen.

Die Musterschülerin

Wangari Maathai blieb es anders als vielen ihrer Altersgenossen erspart, direkt in den Guerillakrieg dieser Zeit einbezogen zu werden. „Ich musste mich manchmal nachts im Wald verstecken", erinnert sie sich, „weil die Home-Guards an userm Haus vorbeizogen." Die Mädchen hatten Angst, von diesen mit den Briten verbündeten einheimischen Truppen vergewaltigt zu werden. Aber weder musste Wangari den Rebellen Essen zukommen lassen, noch Waffen schmuggeln oder andere Botendienste verrichten. Ihre Leidenschaft galt der Schule. „In der Schule, da war sie außergewöhnlich talentiert", erinnert sich ihre Tante Rahab, „godgifted", sagt sie wörtlich, gottbegnadet. Wangari sei oft mit Büchern oder Stiften nach Hause gekommen, die sie als Lohn für gute schulische Leistungen bekommen habe. Gelernt haben die Kinder am Abend, nach Erledigung ihrer häuslichen Pflichten, auf dem Boden rund ums Küchenfeuer gedrängt. Sitzgelegenheiten gab es nicht. „Da wurde ein Stück Holz aufgelegt, und das gab ein wenig mehr Licht", beschreibt Tante Rahab die Hausaufgabenrunde im Hause Muta.

Lernen zu können ist ein Privileg, zumal für ein Mädchen, das hat Wangari Maathai immer so empfunden. Die Kikuyus hatten sehr früh die Angebote der Missionsschulen akzeptiert und waren auch deswegen bei der Unabhängigkeit 1963 besser als andere Ethnien darauf vorbereitet, verantwortungsvolle Tätigkeiten im Staatsdienst zu übernehmen. Bildung blieb jedoch, und das gilt auch im 21. Jahrhundert noch, vielfach den Jungen vorbehalten, da die Mädchen im Haushalt beansprucht und früh verheiratet werden. Wenn eine Familie zu entscheiden hat, für wen sie Schulgebühren aufbringt, „dann werden immer die Jungen bevorzugt", sagt Edda Gachukia, eine Schuldirektorin aus Kenia. Zwar steht Kenia im Vergleich zu anderen Ländern Ostafrikas, wo im Durchschnitt allenfalls vier von zehn Mädchen zur Schule gehen können, erheblich besser da: Mit der Einführung der gebührenfreien Grundschulerziehung hat Kenia 2003 versucht, zumindest die Volksschüler zu hundert Prozent in den Genuss von Bildung kommen zu lassen. Doch mangelt es an Lehrern und Klassenräumen, und viele Kinder kommen auf Grund der verheerenden Armut so hungrig zum Unterricht, dass sie sich vor lauter Kopf- und Bauchschmerzen nicht auf den Unterricht konzentrieren können. Jede Krise erhöht die Zahl der „drop-outs", das sind die Kinder, die von einem Tag auf den andern einfach nicht mehr im Klassenraum erscheinen, weil sie sich um ihr Überleben kümmern müssen. In Dürrezeiten sind insbesondere die Mädchen in den ländlichen Regionen zu sehr damit beschäftigt, Wasser zu suchen oder Feuerholz. Sie finden keine Zeit mehr für die Schule. Die Trockenheit vernichtet nahe gelegene Wasserquellen, so dass die Kinder vielfach stundenlang zum nächsten Flussbett unterwegs sind, um ihre gelben Plastikkanister zu füllen. Bei Dürre haben die Familien keine Ernten, also erstens nichts zu essen und zweitens nichts zu verkaufen. Das Brennen und der Verkauf von Holzkohle sind dann – neben der Prostitution – die einzige Möglichkeit, ein paar Schillinge zu verdienen. Schlagartig wird dann das Holz knapp, was wiederum bedeutet, dass die Mädchen noch mehr Zeit als sonst mit der Suche nach Feuerholz verbringen.

Diese Bedingungen unterscheiden sich kaum von denen vor 50 und 60 Jahren, als Wangari Maathai zur Schule ging. Doch legte ihr Vater großen Wert auf die Erziehung seiner Kinder und bewahrte seine Älteste vor dem Abbruch ihrer Ausbildung. Jeden Morgen marschierte sie bis zu 45 Minuten lang zu den lang gestreckten Lehmbauten ihrer Grundschule. Oft genug erreichten die Kinder die Anstalt schlammbespritzt. Holzspäne am Boden sollten die Feuchtigkeit und den Dreck aufsaugen, die die Kinderfüße in den Klassenraum trugen. An den roh zusammen gezimmerten Pulten drängten sich die Kleinen und wiederholten im Chor, was der Lehrer ihnen vortrug. Frontalunterricht, Auswendiglernen, Disziplin – das kennzeichnet das Schulwesen in Kenia, damals wie heute. Die Prügelstrafe in den Schulen wurde erst vor wenigen Jahren offiziell abgeschafft, was die Pädagogen nicht hindert, weiterhin zum Stock zu greifen, um ihrem Wort in den überfüllten Klassen Gehör zu verschaffen.

Das Schülerregister der Ihithe-Primary-School reicht leider nur bis 1968 zurück, doch weiß jedes der 385 Kinder, welch berühmte Vorgängerin die Anstalt besucht hat. Wangari Maathai hat engen Kontakt zu ihrer Grundschule gehalten, die seit Beginn der 80er Jahre dem Green Belt Movement angehört und eine kleine Baumschule unterhält. Manche der damals gepflanzten Bäume sind inzwischen so groß, dass die Schule ihren eigenen Holzbedarf damit decken kann. Toilettenhäuschen und Schulmöbel sind aus dem im Eigenanbau erzeugten Holz gefertigt, berichtet Direktor Wilson Kagoya. Mit stolzgeschwellter Brust, in Anzug und Schlips empfängt der 38-Jährige seine Besucher und stapft mit ihnen durch den knöcheltiefen Matsch in sein liebstes Vorzeigeobjekt, den Schulgarten. Wangari Maathais neuestes Öko-Erziehungsprojekt an seiner Anstalt kann er zwar nicht erklären – es geht dabei um das Verhältnis von Bewaldung, Bodenqualität und Wasserreinheit –, aber Kagoya möchte, dass seine Schule nach Wangari Maathai benannt wird, sofern sie selbst und die Gemeinde zustimmen.

Sie hat mehrfach betont, dass sie den Impuls, die wissenschaftliche Laufbahn einzuschlagen, ihrer Oberschule verdankt, einem katholischen Internat, der Loreto Girls' High School in Limuru, nahe Nairobi, wo sie 1959 ihren Schulabschluss machte. Dass sie Naturwissenschaftlerin wurde, das verdanke sie einer katholischen Nonne aus Irland. „Sie war meine Lehrerin und wollte immer, dass ich ihr helfe, die Versuchsdemonstrationen im Labor aufzubauen." Die Nonne habe ihr immer gesagt, sie würde eine gute Naturwissenschaftlerin abgeben. „Also habe ich diesen Weg eingeschlagen, als ich zum College ging." Sie gewann dank ihrer guten Leistungen ein Stipendium des katholischen Bischofs von Nyeri und konnte den so genannten Kennedy-Zug besteigen: US-Präsident John F. Kennedy ließ hunderte Studienplätze an junge Kenianer vergeben. Wangari Maathai wechselte zum katholischen Mount St. Scholastica College in Kansas, USA. Das kleine Mädchen aus Ihithe reiste über den großen Ozean – das war im Jahr 1960 alles andere als selbstverständlich und sorgte in Ihithe für einigen Unmut.

Noch war Jomo Kenyatta, der Anführer der Unabhängigkeitsbewegung, nicht aus der Haft entlassen. Noch war der Weg zur Unabhängigkeit nicht beschritten, und viele Kikuyu-Nachbarn empfanden es als Verrat, dass eine der ihren „beim weißen Mann" einen Beruf erlernen sollte. „Einige Leute glaubten, es sei falsch, meiner Tochter zu erlauben, im Land des weißen Mannes zu studieren", klagte Mutter Lydia Wanjiru, die sich sogar körperlichen Attacken ausgesetzt sah, so groß war der Hass ihrer Nachbarn – und vielleicht auch der Neid. „Ich wurde als Feind des Volkes angesehen", sagte Wanjiru, man habe sogar mit einem Hammer auf sie eingeschlagen und ihre Schulter verletzt, aber sie ließ sich nicht beirren. Sie war nach einer schweren Erkrankung zum katholischen Glauben übergetreten, berichtet ihre Schwester Rahab, und sie blieb bis zum Lebensende eine gläubige Katholikin. Dass ihre begabte Tochter mit dem Segen und mit der Hilfe ihrer verehrten Kirche in Amerika studieren sollte, dagegen hatte Lydia Wanjiru beim besten Willen nichts einzuwenden.

2. Das Tor zur Welt
Ausbildung in den USA und in Deutschland

Ein Studienplatz in den Vereinigten Staaten ist für junge Kenianer gleichbedeutend mit einem Hauptgewinn im Lotto. An manchen Tagen stehen sie zu Hunderten vor dem Eingang der US-Botschaft in Nairobi Schlange, um die begehrten Visa für die USA zu beantragen. Wenn die Eltern es sich leisten können oder die Noten ausreichen für ein Stipendium, dann haben die jungen Leute eine Chance, in den USA zu studieren. Begehrt sind auch Studienplätze in Großbritannien und Australien. Nicht ganz so vermögende Kenianer schicken ihren viel versprechenden Nachwuchs zum Studium nach Indien. Ganze Busladungen von Verwandten begleiten den Zögling am Abreisetag zum Jomo Kenyatta International Airport. Die jungen Hoffnungsträger sollen ihre Familie nur ja nicht vergessen, falls sie in der Fremde das Glück finden und reich werden sollten. Fehlt es am Geld fürs Flugticket oder an einem Zuschuss zu den Studiengebühren, dann richtet die Familie ein kleines Wohltätigkeitsfest zugunsten des Amerika-Reisenden aus. Diese „Harambee" genannten Bettelpartys erhöhen zusätzlich den Druck auf den jungen Studierenden, denn er wird sich irgendwann erkenntlich zeigen müssen für die Spenden, die er erhielt. Er darf seine Unterstützer nicht enttäuschen.

Eine qualifizierte, akademische Berufsausbildung von internationalem Standard ist in Kenia kaum zu erlangen. Für rund 700 000 Absolventen weiterführender Schulen stehen allenfalls 60 000 Studienplätze zur Verfügung, die Privatuniversitäten eingerechnet. Die öffentlichen Hochschulen präsentieren sich in einer Weise, als habe Kenia einen Bürgerkrieg erlitten: Der Putz blättert von fleckigen Wänden, funktionierende Toiletten sind selten, die Literatur ist veraltet, die Ausstattung zum Erbarmen. „Wir haben keine Abzugshauben, keine Schutzhandschuhe, nicht genügend Chemikalien", berichtet eine Chemiestudentin aus Nairobi. Sie hofft, ihr künftiger Arbeitgeber werde Verständnis haben für ihre mangelnde Praxiserfahrung. Aber vermutlich wird sie wie die meisten kenianischen Hochschulabsolventen auf der Straße stehen, wenn sie erst einmal ihren Abschluss in der Tasche hat. Die Studierenden sind so unzufrieden mit ihren Hochschulen, die ihnen die versprochene Ausbildung vorenthalten und zudem keine Perspektive eröffnen, dass sie beim kleinsten Anlass randalieren. Ein Stromausfall im Wohnheim reicht aus, und schon verwandelt sich die Innenstadt von Nairobi in ein Schlachtfeld, auf dem Polizisten mit Tränengas gegen Steine werfende Studenten vorgehen. Anschließend wird die Hochschule vorsorglich geschlossen. Auf diese Weise geht den Jungakademikern manches Semester verloren.

Jahrzehntelang wurden Mittel veruntreut, die für die Instandhaltung, Renovierung und Ausstattung der Hochschulen gedacht waren. Die Überfüllung der Universitäten hat noch weiter zum Verfall der Gebäude und der Einrichtung beigetragen. Langzeitpräsident Daniel arap Moi fungierte als Kanzler aller Hochschulen und erhöhte aus populistischen Gründen die Zahl der Studienplätze, ohne allerdings entsprechende Investitionen vorzunehmen. Dem ehemaligen Grundschullehrer Moi waren Intellektuelle immer suspekt, und nach dem Putschversuch einiger Luftwaffenoffiziere im Jahr 1982 überzog er auch die Hochschulen mit einem immer enger werdenden Netz aus Kontrolle und Gängelung. Die Posten wurden oft nach Gesichtspunkten politischer Opportunität vergeben statt nach Qualifikation. Missliebige, demokratisch gesinnte Professoren wurden ins Exil getrieben, wenn sie nicht den Moi'schen Folterknechten in die Hände fielen und im berüchtigten Nyayo-Haus in der Innenstadt von Nairobi misshandelt und weggesperrt wurden.

Als Wangari Maathai 1959 Abitur machte, war Kenias erste Universität noch im Entstehen begriffen. Ihr war klar, dass ihr ein erfolgreiches Studium im Ausland Berufsaussichten versprach, von denen die meisten ihrer Landsleute nur träumen konnten. Im katholischen Internat in Limuru hatte sie sich daran gewöhnen können, weit weg von ihren geliebten Eltern zu leben. In den USA jedoch erwartete sie ein Kulturschock, auf den sie kaum vorbereitet war. Sie sah eine Welt, die sich kaum ein Kenianer vorstellen konnte. Kenia öffnete sich erst in den 90er Jahren dem Import ausländischer Konsumgüter. In manchen Jahren davor waren selbst Schnürsenkel oder Nudeln schwer zu finden. In den USA dagegen herrschte –mit den Augen einer Kenianerin betrachtet – unvergleichlicher Reichtum: Nahezu alle Haushalte hatten Autos und Kühlschränke, es gab Fernsehen und Kino, jedermann hatte Telefon, wohingegen in Kenia bis heute nur ein Prozent der Bevölkerung über einen Festnetzanschluss verfügt. Der kulturelle und demokratische Aufbruch, der mit der Ära Kennedy einherging, konnte auch von einer strebsamen Studentin, die noch immer auf die Befreiung ihrer Heimat von den Kolonialisten wartete, nicht übersehen werden.

Was den Kulturschock abmilderte, war die Tatsache, dass Wangari Maathai aus dem katholischen Umfeld der Missionsschwestern in Kenia auf ein Institut der Bendiktinerinnen im Mittleren Westen der USA wechselte. Das Mount St. Scholastica College in Atchison war 1867 von sieben aus dem bayerischen Eichstätt stammenden Schwestern gegründet worden. Atchison ist eine der ältesten Industriestädte der Region, am Ufer des Missouri im Nordosten von Kansas gelegen. Die Abtei der Benediktinerinnen wurde das Herzstück einer heute 22 Ableger umfassenden Kongregation. Dem Kloster gehören mehr als 180 Nonnen an, die dort nach den Regeln des heiligen Benedikt leben, mehrfach täglich ihre Gebete verrichten und gläubigen Christinnen die Grundlagen der Wissenschaft vermitteln. Als Wangari Maathai 1960 bei den Schwestern eintraf, wurden die Messen und die Abendmahlsfeiern noch in lateinischer Sprache abgehalten. Erst ab 1962 wurde in der Klosterkirche auch Englisch gesprochen. Im Jahr darauf begingen die Benediktinerinnen den 100. Jahrestag der Gründung ihres Konvents, es war einer der Höhepunkte der Traditionspflege in der Geschichte des Klosters.

Wangari Maathai tauchte dankbar ein in die tief religiöse Atmosphäre ihres Colleges, wo sie überaus behütet ihr naturwissenschaftliches Grundstudium absolvieren konnte. Noch nach Jahrzehnten ist sie voller echter Dankbarkeit den amerikanischen Nonnen gegenüber, was ihre herzlichen Briefe an die Schwestern beweisen. Als eine ihrer verehrten Lehrerinnen starb, Schwester Brazzel, schrieb sie: „Es ist, als ob ein Teil von mir gestorben wäre ... Ich weiß, ein Teil von mir ist nun im Himmel." Schwester Imogene Baker rühmte sie für ihre allzeit offene Tür, „sie hatte immer ein Lächeln für uns." Die Frauen von Mount St. Scholastica hätten sie wie eine Tochter behandelt: „Sie haben alles getan, mir zu helfen, mich auszubilden und mein Leben zu bereichern." Bei ihnen habe sie ihren Sinn für tiefe Hingabe gewonnen und Abstand zu den materiellen Dingen der Welt. „Ich habe täglich Frauen hart arbeiten sehen für höhere Ziele und inneren Frieden. Das muss mein Bewusstsein und meine Wertvorstellungen beeinflusst haben, als ich älter wurde." Die vierjährige Erziehung im klösterlichen Umfeld dürfte zu den wichtigsten Einflüssen in Wangari Maathais Leben zählen. Einmal habe eine junge Frau sie gefragt, woher sie ihre Ausdauer und ihre Leidenschaft nehme. Und sie antwortete: „Das hat viel mit meinen Erfahrung auf dem Berg zu tun." Gemeint war das Mount St. Scholastica College. „In mir brennt eine kleine Flamme, und ich werde sie zum Leuchten bringen", sangen die Schülerinnen damals; ein Lied, dass sie noch heute gerne singt.

Die Bindung hält über Generationen. Wangari Maathai gab auch ihren Sohn Waweru für zwei Jahre in die Obhut der verehrten Benediktiner, bevor er sein Hochschulstudium aufnahm. Der Abschied von den frommen Frauen in Kansas fiel ihr schwer, doch hatte sie dort nie ihr eigentliches Ziel aus den Augen verloren: Sie wollte einen Beruf erlernen, mit dem sie heimkehren und ihrem Land nützen könnte. Dass sie zur Stunde der Unabhängig am 12. Dezember 1963 nicht in Kenia sein konnte, bedauert sie noch heute.

Mit einem hervorragenden Zeugnis und mit den wärmsten Empfehlungsschreiben der Schwestern bedacht bewarb sie sich nach Abschluss der Bachelor-Studien 1964 an der Universität von Pittsburgh in Pennsylvania. Hier wollte sie einen Master in Biologie erwerben. Als spezielles Interessengebiet gab sie Tierphysiologie an. Das führte sie ins Seminar von Prof. Charles Ralph. Der heute 75-jährige Biologe kann sich noch gut an seine begabte Studentin erinnern. Er betreute zu der Zeit nur sechs fortgeschrittene Studierende, die Mehrzahl davon Doktoranden. „Sie war eine sehr fleißige und handwerklich sehr geschickte Arbeiterin, und sie hatte eine sehr schnelle Auffassungsgabe", berichtet der Professor.

Die Universität Pittsburgh ist eine der ältesten Hochschulen der USA, sie wurde 1787 als kleine Privatschule in einem Holzhaus gegründet. In den späten 30er Jahren errichtete sie ihre 42-stöckige „Kathedrale des Lernens" – der neogotische Prachtbau ist eines der Wahrzeichen Pittsburghs. Hier wurde der erste Impfstoff gegen Kinderlähmung entwickelt. Mit Wangari Maathai hat Pittsburgh zwei Nobelpreisträger in Folge aufzuweisen: 2003 gewann der ehemalige Pittsburgher Chemiestudent Paul Lauterbur den Nobelpreis für Medizin.

In der „Lernkathedrale" war schon früh ein Stockwerk allein den Frauen und ihren studentischen Aktivitäten vorbehalten. Bei allem Stolz auf die lange Tradition hatte sich die Hochschule dem Fortschritt nicht verschlossen: Bereits 1910 machte eine schwarze Amerikanerin in Pittsburgh ihren Bachelor. Da schwarze Frauen zu Beginn des 20. Jahrhunderts noch von offiziellen Campusaktivitäten ausgeschlossen waren, gründeten sie ihren eigenen Frauenverband, den Council of Negro College Women. Zu Wangari Maathais Zeiten stammte bereits ein großer Anteil der Studierenden aus schwarzen Familien und war in das Hochschulleben integriert. „Ich war überrascht, wie viele Schwarze an der Uni waren", sagt sie, „die hatten ein ganz anderes Selbstbewusstsein." Der im Süden der USA noch tobende Kampf um die Zulassung der Afro-Amerikaner zum Studium war im Norden kein Thema mehr.

Gleichwohl war „Miss Muta", wie sie damals noch hieß, ein sehr exotischer Gast an der Universität Pittsburgh, denn sie war eine der beiden ersten Afrikanerinnen, die dort aufgenommen wurden. Häufig wurde sie eingeladen, über ihre Heimat zu sprechen, und dabei schulte sie ihr rhetorisches Talent. Doch für politische oder sportliche Aktivitäten blieb ihr am Rande ihrer Studien kein Freiraum. „Sie war kein Typ für wilde Partys", sagt ihr Professor, „für so was hatten meine Studenten auch keine Zeit." Wangari lebte in einem der Schlaftrakte auf dem Campus der Universität und erschien täglich zur Arbeit in den beiden großen Laborräumen der biologischen Fakultät. Dort war sie mit ihren Studien über die Keimdrüsen der Wachteln voll ausgelastet. Sie untersuchte, welche Veränderungen die auch für die Fortpflanzung wichtigen Drüsen bei unterschiedlichem Alter und verschiedenen Umwelteinflüssen durchlaufen. Im angrenzenden Büro fasste sie ihre Notizen zusammen und schrieb, damals noch ohne Computer, auf der Schreibmaschine die Abschlussarbeit. Dabei hatte sie es eilig – wie immer in ihrem Leben. Sie hatte Heimweh, sie wollte dabei sein, wenn ihr Land aufgebaut wurde. Ihren Master machte sie in einer Rekordzeit von nur anderthalb Jahren. Einer Laufbahn in den USA hätte nichts im Weg gestanden, doch nicht mal im Traum hatte sie auch nur einen Gedanken daran verschwendet.

Die politische Entwicklung um sie herum blieb ihr nicht verborgen – der wachsende Widerstand in den USA gegen den Vietnamkrieg, das Ringen der Afro-Amerikaner um Gleichberechtigung und nicht zuletzt die aufkommende Frauenbewegung. Es war in Pittsburgh nur zu offensichtlich, dass Frauen bei der Vergabe von Führungspositionen von der Universität benachteiligt wurden: Sie stellten in den 60er Jahren 40 Prozent der Studierenden, aber es gab kaum weibliche Professoren. Bis Ende des Jahrzehnts hatte sich das ansonsten nicht gerade Schlagzeilen produzierende Pittsburgh zu einem wichtigen Zentrum der feministischen Bewegung in den USA entwickelt.

„Ich habe einige politische Versammlungen besucht, auch Demonstrationen, aber nur um zu lernen, ich war nie selbst aktiv", erinnert sich Wangari Maathai an ihre Jahre in den USA. „1965 wurden Kommilitonen zwangsweise vom Militär eingezogen. Und dann hörten wir, ein Jahr später, dass dieser oder jener in Vietnam umgekommen war. Das war sehr traurig", sagt sie. Der Vietnamkrieg sei jedoch eine Sache der Amerikaner gewesen. Sie als Afrikanerin habe sich damals noch nicht besonders dafür interessiert. „Ich wollte nur schnell nach Hause. Ich hatte Heimweh und so viele Jahre meine Familie nicht mehr gesehen."

Ein Mentor aus Deutschland

Zurück in Kenia bewarb sich Wangari Maathai mit Feuereifer um eine Stelle an der Biologischen Fakultät der Universität Nairobi. Ein Verwandter vermittelte sie an Reinhold Hofmann, der ihren Lebenslauf und ihre Zeugnisse mit Begeisterung aufnahm.

Hofmann war Anfang der 60er Jahre vom Deutschen Akademischen Austauschdienst (DAAD) von Gießen nach Kenia entsandt worden. Er sollte mithelfen, eine neue veterinärmedizinische Fakultät an der University of East Africa in Nairobi aufzubauen. Einer der wichtigsten Geldgeber der Universität, die Rockefeller-Stiftung, hatte darauf bestanden, dass die Hochschule statt eines Diplomstudiengangs einen international anerkannten Abschluss anbot, damit die Studenten aus Uganda, Tansania und Kenia nicht weiterhin ins Ausland abwandern mussten, um Tierärzte werden zu können. Gemeinsam mit britischen, kenianischen, schweizerischen, amerikanischen und einem israelischen Kollegen machte Hofmann sich 1962 in Nairobi an die Arbeit. Anfänglich musste der Experte für Gewebekunde und Embryologie auch in der Humanmedizin Vorlesungen halten, da es in Kenia an qualifizierten Hochschullehrern mangelte.

Als Hofmann nach Kenia kam, suchte er dringend nach einem wissenschaftlichen Assistenten. Wangari Maathai kam für ihn wie gerufen. Zwar war Hofmann Veterinär, „Miss Muta" hingegen Biologin. Aber sie war eine der wenigen Fachkräfte im Land, die sich mit der Gewebekunde, der Histologie, auskannten. Histologie war eines der Spezialgebiete von Reinhold Hofmann. „Miss Muta, Sie schickt der Himmel", sagte ihr der Professor beim Bewerbungsgespräch. Doch wie so häufig im Leben der späteren Friedensnobelpreisträgerin gelang ihr der Einstieg in die neue Tätigkeit nicht ohne Schwierigkeiten: Die Gewebekundler und Embryologen hatten nicht den besten Ruf in ihrer Zunft, sie wurden von den altmodischen Professoren ein wenig als Leichenfledderer verspottet. Und die britischen Lehrkräfte im Berufungskomitee an der Fakultät für Veterinärmedizin bemängelten zudem, dass die Aspirantin ihren Master „in einem amerikanischen Schnellverfahren" gemacht habe, und wollten sie nicht akzeptieren. Da bekam Hofmann einen seiner gefürchteten Wutanfälle. Ihm fehlte der wissenschaftliche Nachwuchs. Seit Beginn seiner Arbeit hatten erst vier Veterinäre in Kenia einen Abschluss gemacht, und die hatten alle „tolle Jobs" gefunden. Außerhalb der Universität.

Die nächsten 18 Studenten des Folgejahrgangs waren noch nicht fertig und Hofmann brauchte dringend jemanden, der die Studenten betreute, sie in der praktischen Arbeit mit dem Mikroskop unterwies und ihm den Rücken für seine Vorlesungen freihielt. Hofmann hatte inzwischen ein gewisses Renommee erworben. Die deutsch-kenianische Zusammenarbeit beim Aufbau der Hochschule galt als vorbildliches und gelungenes Beispiel für die internationale Entwicklungszusammenarbeit. Mit dem damaligen Entwicklungshilfeminister Walter Scheel flog Hofmann über das Rift Valley. Hofmann kannte Julius Nyerere, den Gesamtkanzler der damaligen East African University und Präsidenten der Republik Tansania, der auch Mwalimu genannt wird, der Lehrer. Er war mit Milton Obote von Uganda zusammengetroffen und mit Jomo Kenyatta, Kenias Staatsgründer. Hofmann setzte sich durch. „Wir sind übereingekommen, Miss Muta einzustellen", sagte der britische Ausschussvorsitzende, nachdem Hofmann sich wieder beruhigt hatte. Es gab damals keine personelle Alternative zu Wangari Maathai. Niemand unter den Studierenden der Veterinärmedizin war so gut qualifiziert. Mit einem Gehalt von rund 500 US-Dollar im Monat trat sie ihre erste Stelle an: Assistant Lecturer bei Reinhold Hofmann. „Wissen Sie, sie war fleißig, sie hatte Ideen, und sie war nicht so jemand, der mit den Augen blinkert, sie war zielstrebig", fasst Hofmann heute „Miss Mutas" Rolle an seinem Institut zusammen. Er hielt Vorlesungen, sie kummerte sich um die Tutorien.

Etwa ein Jahr lang dauerte das Zusammenspiel zwischen dem deutschen Professor und seiner akademischen Ziehtochter. Dann beantragte Hofmann beim Deutschen Akademischen Austauschdienst (DAAD) ein Stipendium für Wangari Muta. Sie sollte in Deutschland die wissenschaftlichen Vorarbeiten zum Erlangen des Doktorgrades machen. „Sie war keineswegs fertig mit ihrer Ausbildung", sagte Hofmann, und obwohl Wangari Maathai sich über ihr erstes Einkommen sehr freute, war auch sie der Meinung, sie könne mehr erreichen. Nach einem Jahr wurde sie Dozentin an der Universität. Gleichzeitig belegte sie Deutschkurse am Goetheinstitut in Nairobi und bereitete sich auf ihr Doktorandenstipendium in Deutschland vor.

Bevor sie Kenia erneut verließ, heiratete sie im Sommer 1967 Mwangi Mathai. Wie auch in späteren Jahren hielt sie schon damals ihr Privatleben und ihre beruflichen Aktivitäten strikt auseinander. An ihrem Arbeitsplatz machte sie kein Aufheben von der Tatsache ihrer Eheschließung. Und sie lud auch ihren Professor nicht zur Hochzeit ein. Aus Wangari Muta wurde Wangari Muta Mathai. Gemäß alter Sitte der Kikuyus behielt sie den Namen ihres Vaters. Das zweite a in ihrem Namen Maathai (sprich: Maa-sai mit weichem s) fügte sie später hinzu; Mathai mit nur einem a entspricht nicht dem Wortklang. Der 1937 geborene Jungmanager Mwangi Mathai war ein Kikuyu wie sie und strebte eine politische Laufbahn an. Er hatte ebenfalls in den USA studiert, Soziologie, später in Schweden und Kanada noch Ökonomie. Während Wangari in Deutschland weilte, trafen sich Hofmann und der zurückgelassene Ehemann einmal monatlich zum Nachrichtenaustausch in Sachen Wangari. „Haben Sie etwas Neues von ihr gehört?", so begannen die Treffen der beiden regelmäßig.

Auch Mwangi hatten nach seiner Rückkehr ins unabhängig gewordene Kenia 1963 alle Türen offen gestanden. Er war Trainee bei Esso, machte später Marketing für Colgate-Palmolive und wurde leitendes Mitglied der kenianischen Industrie- und Handelskammer. Er muss am Rande seiner Geschäfte gute politische Kontakte und ein gewisses Vermögen aufgebaut haben, sonst wäre er nicht in den 70er Jahren auf den Gedanken gekommen, für die Einheitspartei Kenya African National Union (KANU) als Parlamentsabgeordneter zu kandidieren.

Seiner Frau standen zunächst noch zwei harte Jahre in Deutschland bevor. In der Hektik vor ihrer Abreise hatte sie kaum genügend Deutsch lernen können, um sich in Deutschland zu verständigen. Wichtig für sie war zunächst, die technischen

Begriffe im Labor zu kennen. Auf Zimmersuche in Gießen machte sie unangenehme Erfahrungen mit rassistischen Vermietern. Sie knallten ihr die Tür vor der Nase zu, als sie ihre Hautfarbe sahen. Doch die junge Doktorandin ließ sich nicht entmutigen und fand Obdach bei einer befreundeten Dozentin. „Dumme Leute haben wir in Kenia auch", tröstete sie sich selbst über die Demütigungen hinweg. Zunächst in Gießen, später bei Professor Peter Walter in München, untersuchte sie Rinderembryos. Sie sollte herausfinden, wie sich die männliche Keimdrüse beim Rind entwickelt. Die Präparate waren bereits vorhanden, „sie musste nie etwas zerschnippeln", sagt ihr Professor. So verfolgte sie das Wachstum der Rinderhoden am Beispiel zuvor eingelegter Kadaver. Dieser Spezialisierung auf Rinder mag auch ihre Kenntnis der speziellen kenianischen Bedürfnisse zugrunde gelegen haben: Kenias Agrarwirtschaft ist stark auf die Rinderhaltung ausgelegt, auch die Kleinbauern versuchen, wenigstens eine Milchkuh zu halten, ganz zu schweigen von den Nomaden wie den Massai, die riesige Herden heranzüchten, wenn die Witterungsverhältnisse es zulassen. Doch sind die veterinärmedizinisch zumeist unterversorgten Tiere anfällig für Seuchen, die sie bei der Wanderung verschleppen und ausbreiten. Wangari Maathai hat auch später noch Studien über Rinder angestellt – sie wollte in ihrer Forschung den Interessen ihrer Landsleute Rechnung tragen.

In Deutschland konzentrierte sie sich, wie schon in Amerika, auf ihre Laborarbeit. Abgesehen vom Kirchgang und von Wochenendausflügen in den Bayerischen Wald war sie vom Mikroskop kaum wegzubewegen. Im Münchner Umland lernte sie die Vorzüge nachhaltiger Forstwirtschaft kennen. Sie war sehr beeindruckt von den Bemühungen der Deutschen, ihren Wald zu pflegen und zu erhalten. Gießen war nicht Berlin und München war nicht Frankfurt, doch hat Wangari Maathai die Aufbruchstimmung in Deutschland und die politischen Proteste der Studentenbewegung kaum ignorieren können. „Oh ja, es gab jede Menge Meetings", erinnert sie sich. „Ich bin auch hingegangen, aber ich war nie politisch aktiv in Deutschland. Ich hatte einfach keine Zeit." Sie habe es eilig gehabt, nach Kenia zurückzukommen, „da war schließlich auch was in Bewegung. Wir waren gerade erst unabhängig geworden, da herrschte Aufbruchstimmung wie später nur noch mal nach dem Wahlsieg der Opposition 2002." Ostern 1968 wurde der Studentenführer Rudi Dutschke niedergeschossen, was großes Aufsehen erregte und manche fürchten ließ, Deutschland stünden bürgerkriegsähnliche Verhältnisse bevor. Wangari Maathai hat sich von den Wirren fern gehalten, bestätigt ihr Studienfreund und späterer Mitstreiter, Edward Oyugi. Er selbst war Mitglied im Sozialistischen Deutschen Studentenbund (SDS), traf mehrfach mit Rudi Dutschke zusammen und berichtete ihm dabei von den politischen Vorgängen in Kenia. Wangari Maathai war auch mit einem kenianischen Historiker befreundet, der damals bei Wolfgang Abendroth in Frankfurt Geschichte studierte und sie gewiss über die politischen Theorien seiner Zeit informiert hat. Aber sie hat sich nur in der Kenianischen Studentenunion engagiert, deren vornehmliches Ziel es war, Kontakte untereinander zu halten und die Feiern zum kenianischen Unabhängigkeitstag im Dezember auszurichten. Dann versammelten sich die Hochschul- und Fachhochschulstudenten aus Kenia, einmal auch in Gießen, und gedachten gemeinsam ihrer Heimat. Wangari Maathai bekleidete führende Funktionen in der Studentenunion. Sie hielt kleine Reden auf diesen Treffen und bewies schon damals Führungsqualitäten, sagt Edward Oyugi. Zur Enttäuschung ihrer Kommilitonen war die junge Frau zu dem Zeitpunkt bereits verheiratet. Sie sei sehr attraktiv gewesen, erinnert sich Oyugi, aber das damals aktuelle Thema „freie Liebe" behagte Wangari Maathai so wenig wie die Verbreitung der Pille zur Empfängnisverhütung. Als gläubige

Katholikin lehnt sie die Pille ab, auch Kondome sieht sie eher kritisch und warnt davor, sie als Allheilmittel im Kampf gegen die Ausbreitung der Aidsseuche anzupreisen.

Nachdem sie zwei Jahre lang in Deutschland Material gesammelt hatte, wurde sie 1969 erneut Dozentin in Nairobi und schrieb nebenher an ihrer Promotion. Es machte ihr Spaß, mit den jungen Studenten zusammen zu arbeiten. „Ihr Unterricht war klipp und klar und ist weit über das übliche Maß eines akademischen Kurses hinausgegangen", berichten Zeitzeugen. Vor allem den Studentinnen galt sie als Vorbild. Ihr Doktorvater Hofmann wurde aber inzwischen nervös, denn seine Zeit in Kenia näherte sich dem Ende. Erstens wartete die Universität Gießen auf seine Rückkehr, und zweitens hatte sich das politische Klima in Kenia verschlechtert. Das Kenyatta-Regime setzte auf eine „Afrikanisierung" der Hochschulen, die Jobs wurden benötigt für Günstlinge der Machthaber. Und Hofmann galt inzwischen als Regimekritiker, denn er verurteilte öffentlich die Wilderei der dramatisch geschrumpften Elefantenbestände. Ganz Nairobi glaubte zu wissen, wer hinter den Massakern an den gefährdeten Tieren stand: Mama Ngina, Kenyattas Frau. Sie soll Millionen Dollar mit Elfenbein verdient haben, mutmaßten Tierschützer. Zudem hatte der Vizekanzler der Hochschule einen tiefen Hass gegen alle Deutschen entwickelt: In Nairobi kursierten Gerüchte, seine Frau sei die Geliebte des damaligen deutschen Botschafters. In der Stadt, in der damals jeder jeden kannte, blieben solche Affären nicht lange geheim.

„Sie müssen fertig werden", bedrängte Hofmann Maathai, denn er wusste nicht, ob seine Nachfolger sie weiter fördern würden. Hofmann bestand darauf, dass die junge Frau ihren Doktor in Nairobi machte, denn es war allen Beteiligten klar: Sie würde die Erste sein, die erste Frau in ganz Ostafrika mit einem Doktortitel. Für den deutschen Professor würde es die Krönung seiner Aufbauarbeit in Kenia bedeuten. Doch sein Schützling ließ sich mehr Zeit als erwartet. Und hatte dafür triftige Gründe. 1970 kam ihr erstes Kind zur Welt. Es war – das ist für die meisten afrikanischen Familien noch heute ein besonderer Grund zur Freude – ein Sohn, Waweru.

Wenige Monate nach der Geburt kehrte die Mutter an die Universität zurück. Sie hielt ihre Vorlesungen, nahm an Seminaren teil und schrieb nebenbei eifrig an ihrer tiermedizinischen Promotion, die sie im Frühjahr 1971 einreichte. Zum Rigorosum, der Verteidigung ihrer Arbeit, wurde ihr ein großer Bahnhof bereitet. Aus London reiste zu diesem Anlass die damals weltweit wohl größte Kapazität der Veterinärmedizin an, Professor Emmanuel Ciprian Amoroso. Der Humanmediziner, Zellforscher, Chirurg und Histologe, der aus Trinirad stammte, war der erste Farbige, der Mitglied des Königlichen Veterinär-Kollegs in London wurde. Gemeinsam mit den Professoren Walter und Hofmann nahm der 70-Jährige die Doktorarbeit Wangari Maathais an. Ostafrika hatte seine erste Doktorin.

Bei der Graduierungszeremonie im Mai war Wangari Maathai die einzige Frau, die ausgezeichnet wurde. Es war ein schöner, sonniger Vormittag und Hunderte Universitätsangehörige und Schaulustige hatten sich zu der gemäß britischer Tradition sehr förmlichen Feier eingefunden. Im roten Kleid kniete Wangari Maathai nieder vor dem Hochschulkanzler, Präsident Jomo Kenyatta. Er thronte auf einem Sessel unter freiem Himmel im Hof der Universität, unweit des Norfolk-Hotels. Kenyatta beugte sich nieder, setzte ihr den Doktorhut auf und plauderte mit ihr auf Kikuyu, bevor er ihr die Urkunde überreichte. Elf Jahre lang hatte sie dafür hart gearbeitet. Nun war sie am Ziel. Vorläufig. Der alte Mann sah ihr lächelnd nach, während sie sich umdrehte und zu ihrem Sitz zurückging.

Ihrem Mentor Hofmann blieb sie über die Jahrzehnte hinweg verbunden. Sie schrieb sogar Briefe an seine Eltern, die sich in

Gießen um sie gekümmert hatten. Als Hofmann sie 1992 in Nairobi besuchen wollte, war sie gerade von Polizisten krankenhausreif geprügelt worden. Hofmann war schockiert und überlegte, wie er wirkungsvoll helfen könnte. Daheim in Gießen machte er Druck: Wir müssen ihr die Ehrendoktorwürde verleihen, predigte er seinen Kollegen. „Wenn wir jetzt nicht handeln, sind wir Pflaumen." Doch auch diesmal musste zunächst der Widerstand der so genannten akademischen Elite gebrochen werden. „Wie tief ist unser Ehrendoktor gesunken!", beschwerte sich ein Professoren-Kollege. „Nicht genug, dass ihn eine Frau bekommen soll, es handelt sich auch noch um eine Schwarze." Der Kritiker, ohnehin Vertreter einer Minderheit, ist inzwischen verstorben. Dass er mit seinem rassistischen Gerede eine künftige Friedensnobelpreisträgerin beleidigte, hat er nicht mehr erfahren.

3. Kein Heimchen für die Feuerstelle
Eine untypische afrikanische Frau

Viele Jahre hatte Wangari Maathai von ihrer Familie getrennt im Ausland gelebt. In den 60er Jahren hatten die Auslandsstudenten keine Möglichkeit, in den Ferien nach Hause zu fliegen, es wäre zu teuer gewesen. Nun war sie endlich wieder in der Heimat, hatte Kinder und eine Stelle an der Universität – aber wegen ihres außergewöhnlichen Erfolgs war sie eine Außenseiterin. „Ich war schockiert über die Behandlung der Frauen. Das gab es in Amerika nicht", klagt sie noch 40 Jahre später. Sie sei doch ausdrücklich ins Ausland geschickt worden, um sich zu qualifizieren und daheim eine verantwortungsvolle Position zu bekleiden, sagt sie, „und dann das! Den Männern passte es nicht, dass eine Frau vor ihnen den Doktor machte und leitende Positionen bekam." „Bildung wird in Kenia idolisiert", sagte sie einmal. Der allgemeine Respekt vor Doktoren und Professoren, vor Titeln und Rängen ist übertrieben. In den Häusern der Oberschicht sind die Fotos der graduierten Zöglinge mit Doktorhut wie Altarbilder arrangiert und hängen über dem Kaminsims nicht weit vom Kühlschrank, der jedem Besucher des Wohnzimmers den erreichten Wohlstand andeuten soll.

Die einzige weibliche Doktorin in ganz Ost- und Zentralafrika war in der Abteilung für Veterinäranatomie an der Chiromo-Road auch die einzige Frau unter den Dozenten. Für ihre weiblichen Studenten war das eine große Ermutigung, aber: „Wir waren ja nur drei Frauen, es gab dagegen 90 Männer in unserm Jahrgang", erinnert sich die Tierärztin Surita Ghalay. Sie wurde von Maathai 1973 in der Gewebekunde unterwiesen. Die Studierenden mussten unter dem Mikroskop bestimmte Zellen identifizieren. „Sie half uns auch in der Mittagspause, sie war ungewöhnlich engagiert", sagt Dr. Ghalay. „Und sie hat uns Frauen besonders unterstützt.

‚Ihr packt das', hat sie immer gesagt." Auch ihr ehemaliger Student Dieter Mwangi sagt, Wangari Maathai habe größten Wert darauf gelegt, dass die Studenten in der Praxis trainiert wurden und die handwerkliche Seite ihres Berufs beherrschten. Um die Lehre effizienter zu gestalten, beschaffte sie Fotoprojektoren, die die Mikroskopbilder an die Wand projizierten. So konnte sie leichter erklären, wonach die künftigen Veterinäre eigentlich Ausschau halten sollten, wenn sie in ihre Geräte starrten.

Nebenbei trieb sie die Forschung voran und publizierte ihre Ergebnisse, etwa über den Zeckenbefall von Rindern, das Ostküstenfieber, und darüber, wie hoch die Infektionsrate unter den Überträgern, den Zecken, war. 1977 wurde sie zur Professorin ernannt und übernahm die Leitung der Abteilung für Veterinäranatomie. Wieder war sie die erste Frau in Ostafrika, die es so weit gebracht hatte. Es gab einige, die lieber einen Mann in ihrem Chef-Büro im ersten Stock des Departments gesehen hätten. „Klar gab es Neider", sagt Charles Ndirito Warui, der 2001 auf Maathais Chefsessel nachrückte. „Die muss ja wahnsinnig ehrgeizig sein", hätten ihr manche Kollegen vorgeworfen. „Ich habe eine Menge Rekorde gebrochen", sagte sie 1992 der Washington Post, „erste Frau hier, erste Frau da, ich habe wohl eine Menge Neid erzeugt, ohne es zu merken." „Sie ist nun mal eine Powerfrau", sagt ihr Mentor Hofmann, „aber sie ist eine liebenswürdige Powerfrau." Und sie trat weiterhin den Kollegen und Studierenden freundlich und bescheiden entgegen. Auch den politischen Erfolg ihres Mannes, der 1974 ins Parlament einzog, ließ sie sich nicht zu Kopf steigen. Nach wie vor fuhr sie mit ihrem grauen VW-Käfer 1300 ins Büro, während andere Parlamentariergattinnen längst auf Mercedes umgestiegen waren.

Den bald 35 Jahre alten VW gibt es heute noch. Wangari Maathai hat ihn ihrer Kollegin und Mitstreiterin, der Professorin für Biochemie, Vertistine Beaman Mbaya, überlassen. In Maathais Institut ist fast alles beim Alten, das Büro wurde nie renoviert. Der Wasserhahn tropft, der Schreibtisch wurde nur verrückt, und noch immer verfügt der Abteilungsleiter nicht über einen Computer. Von 24 Stellen sind nur 14 besetzt, darunter nur zwei von Frauen. In den Lagerräumen im Erdgeschoss liegen in riesigen Bassins noch dieselben Tierkadaver in Formaldehyd getränkt wie zu Wangari Maathais Zeiten.

40 Jahre alte Giraffenköpfe, ein Elefantenbaby und Antilopen zieht der mit einer Gasmaske ausgerüstete Institutshelfer aus den Becken. Es ist ein stinkendes Gruselkabinett, das nicht anheimelnder wird durch die Tatsache, dass überall Särge herumstehen. Wegen Geldmangel ist die Abteilung in den 80er Jahren darauf verfallen, die laufenden Kosten durch die Anfertigung und den Verkauf von Holzsärgen zu decken: Der Chiromo-Campus grenzt an eine große Leichenhalle – da ist immer Bedarf.

Doch den Niedergang und Verfall ihres Instituts hat Wangari Maathai nicht mehr aus nächster Nähe mit ansehen müssen. Sie wurde von den durch die Einheitspartei KANU kontrollierten Universitätsoberen zunehmend als Bedrohung eingeschätzt. Ihr Engagement für die „Kenya Association of University Women" und ihre Kritik an der konstanten Benachteiligung der Frauen im Universitätsbetrieb wurden ihr als Verstoß gegen das Gebot der Loyalität ausgelegt. Sie könne doch nicht einerseits Abteilungsleiterin sein und andererseits Gewerkschafter, hieß es. Maathai, Mbaya und andere Frauen bemängelten die ungleichen Gehälter und die Begünstigung der männlichen Lehrkräfte, welche eine Wohnung gestellt bekamen und Zuschüsse zur Gesundheitsfürsorge für ihre Familien, während von den Frauen erwartet wurde, dass sie bei ihren Männern wohnten und auf alle Vergünstigungen verzichteten. Maathais wachsende Rolle im Nationalen Frauenrat, dem National Council of Women of Kenia (NCWK), und ihr Einsatz für das Green Belt Movement deuteten auf einen unabhängigen Geist hin, und ein solcher war von den KANU-Strategen zu Beginn der 80er Jahre nicht erwünscht. Die rührige Professorin ließ es sich überdies nicht nehmen, in ihren Vorlesungen mit kleinen Seitenhieben gegen Kenias Männer zu sticheln. Es seien schließlich die Frauen, die das Land voranbrächten, verkündete sie im Hörsaal. Als sie 1981 ankündigte, sie wolle in ihrer Heimatstadt Nyeri für einen Parlamentssitz kandidieren, zwang sie der Vizekanzler der Universität, Joseph Mungai, ihren Abschied einzureichen, so wie es das Gesetz vorschrieb. Politik und Hochschulamt waren unvereinbar. Wangari Maathai ging ungewissen Zeiten entgegen. Auch ihr Privatleben wurde von einer sehr schmerzhaften Erfahrung überschattet.

Das Trauma der Scheidung

Über dieses Kapitel ihres Lebens würde sie am liebsten den Mantel des Schweigens ausbreiten. Doch wenn es etwas gibt, was Wangari Maathais Bewusstsein für die Benachteiligung der Frau in der Gesellschaft zusätzlich geschärft hat, dann ist es die Behandlung durch ihren eigenen Ehemann. Sie hat nie einen Hehl daraus gemacht, dass sich viele ihrer politischen Vorstellungen auf ganz persönliche Erfahrungen zurückführen lassen. Ihre zahlreichen Kommentare über die Rolle der Männer in Kenia deuten auf eine gewisse Verbitterung hin. „Die Männer wollen immer nur ihren Spaß haben, sie übernehmen keine Verantwortung für die Kinder, die sie zeugen", merkte sie einmal an.

Die Scheidung hat sich in das kollektive Gedächtnis Kenias eingebrannt. Sie wurde von ihren Gegnern benutzt, um Wangari Maathai zu verunglimpfen, und sie wurde von ihren Freundinnen als rühmendes Beispiel dafür herangezogen, wie eine Frau kämpfen und den Männern Paroli bieten kann.

Es gibt im Kenia der Jahrtausendwende zunehmend junge Frauen, die sich weigern, den Vater ihrer Kinder zu heiraten. In

Wangari Maathais Jugendjahren waren wilde Ehen noch undenkbar. Sie hätten auch nicht in Einklang mit ihren religiösen Überzeugungen gestanden. Sie und Mwangi waren mit ihren sehr ähnlichen Erfahrungen ein gutes Gespann. Seine Eltern waren wie die ihren Kikuyus, er ging in Liberia zur Oberschule und studierte wie sie im westlichen Ausland. Dank ihrer vergleichsweise hohen Einkommen konnten sie 1967 problemlos einen Haushalt gründen. Wangari Maathai schwört auf die Idee der Familie: „Bis jetzt ist den Menschen noch nichts Besseres eingefallen, um persönliche Befriedigung zu finden, Kinder großzuziehen und das Weiterbestehen der Spezies Mensch zu sichern", sagte sie im Juli 1979. Da hatte sie die Tortur des öffentlich ausgetragenen Ehekriegs gerade hinter sich.

Ihr Mann hatte 1979 die Scheidung beantragt. Als Gründe gab er vor Gericht an, Wangari habe ihn mehrfach mit seinem Parlamentskollegen Waruru Kanja betrogen und sei seelisch so grausam zu ihm gewesen, dass er krank geworden sei. Eine widerliche Schlammschlacht hatte der schwer alkoholkranke Politiker losgetreten, unter der vor allem die drei Kinder litten, Waweru, Wanjira und Muta. Ihr Vater Mwangi wurde nicht damit fertig, dass seine Frau als Akademikerin erfolgreicher war als er selbst. Sie hatte den Doktor- und seit 1977 den Professorentitel und war bekannter als ihr Ehemann, obwohl der im Parlament saß. Als Politiker musste er Parteifreunde und Bittsteller in seinem Haus in Langata empfangen, ihnen Tee und Häppchen servieren, und er fand es peinlich, dass seine Frau stärker beschäftigt war als er selbst und nicht als sein Dienstmädchen beim Servieren des Tees einsprang. Zudem war Mwangi Baptist und seine Frau war nicht zu seiner Konfession übergetreten.

Das Gericht unter dem Vorsitzenden Zacheus R. Chesoni wertete es als Beweis seelischer Grausamkeit, dass Wangari den Doktortitel hatte und Mwangi nicht. Der Gatte hatte außerdem reklamiert, es sei seelisch grausam, dass sie den Namen ihres Vaters, Muta, weiter führte, obwohl dies eine allgemein akzeptierte Tradition unter den Kikuyus ist. Er hatte Privatdetektive aufgeboten und seine Hausangestellten bestochen, die gegen Wangari aussagten. Richter Chesoni befand sie des Ehebruchs schuldig.

Derselbe Richter entschied 13 Jahre später wieder gegen sie, als sie einen Prozess anstrengte, um den Bau eines riesigen Gebäudes im Uhuru-Park in Nairobi zu verhindern. Als Vorsitzender der Wahlkommission hintertrieb er im selben Jahr, 1992, maßgeblich die Bemühungen der Opposition um einen Machtwechsel. Wangari Maathai beschimpfte Chesoni schon im Scheidungsverfahren als korrupt. „Eins, zwei, drei, vier, fünf Männer im Raum – alle korrupt!", rief sie im Gerichtssaal, wofür Chesoni ihr eine Geld- und eine Haftstrafe wegen Missachtung des Gerichts aufbrummte. Erst nach drei Tagen wurde sie entlassen, nachdem sie sich beim Gericht entschuldigt hatte. „Die wollten mir eine Lektion erteilen", sagt sie. „Das Ergebnis war, dass ich sehr bitter wurde. Ich fühlte mich betrogen, gedemütigt und öffentlich bloßgestellt, und dabei war ich wirklich nicht der schuldige Teil." 1980 wurde die Ehe geschieden.

Mwangi Maathai war dem Scheidungsantrag seiner Frau zuvorgekommen. Sie wollte ihre Familie unbedingt erhalten, doch machte ihr Mwangi schon seit langem das Leben zur Hölle. Spät abends kam er sturzbetrunken nach Hause, und dann soll er seine Frau auch geschlagen haben, sagen enge Freunde des Paares. Daraufhin ließ sie ihn nicht mehr ins Haus, wenn er alkoholisiert vorfuhr. Er randalierte eine Weile vor der Tür und legte sich dann zum Dienstmädchen im Personalquartier ins Bett. Alle Nachbarn wussten darüber Bescheid und wahrscheinlich halb Nairobi. Es war peinlich, schmerzhaft und erniedrigend für Wangari Maathai. Mwangi wollte nicht, dass sie die Wahrheit vor Gericht zur Sprache brachte und bestach Zeugen und Richter, damit sie ihm halfen.

Richter Chesoni gilt als eine der korruptesten Figuren in Kenias unrühmlicher Justizgeschichte, und das schon seit Kenyattas Zeiten.

Allerdings verbesserte es nicht Mwangis Ruf als „political leader", dass seine erfolgreiche Frau ihm Hörner aufgesetzt haben sollte – auch wenn viele wussten, dass das gelogen war. Der Hinterbänkler bewarb sich in späteren Jahren vergeblich um einen Parlamentssitz. Vermutlich konnte er nicht mehr genug Geld auftreiben, um einen Wahlerfolg zu finanzieren, weil er ruhelos von einem Arbeitgeber zum nächsten wechselte. Jahrzehntelang wollte er nichts mehr wissen von seiner Ex-Frau. Erst nach der Nachricht vom Friedensnobelpreis brachte er sich wieder in Erinnerung als der Mann von Wangari. Vor Gericht soll er ihr 25 Jahre zuvor eines der schönsten Komplimente ihres Lebens gemacht haben, wiewohl es nicht als Schmeichelei gemeint war: Wangari, so sagte er, sei „zu gut ausgebildet, zu stark, zu erfolgreich, zu stur und zu hart zu kontrollieren", um eine gute Ehefrau abgeben zu können. Sie hat niemals wieder geheiratet und ihre Kinder alleine großgezogen.

Politik für die unterdrückte Mehrheit

Kenias Frauenbewegung war in ihren Anfängen nach der Unabhängigkeit ein recht elitärer Haufen, der sehr konservative Züge trug und eher in den Kategorien von Fürsorge und Wohlfahrt agierte denn als politische Massenbewegung. Es gehört unbestritten zu Wangari Maathais Verdiensten, dass sie mithalf, diese Bewegung vom Kopf auf die Füße zu stellen und zu einer relevanten Vertretung der unterdrückten Mehrheit zu machen. Frauen stellen 52 Prozent der erwachsenen Bevölkerung. Dass sich die Bewegung dabei spaltete und der fortschrittliche Flügel zunehmend in Konflikt mit der korrupten Herrscherclique geriet, machte ihre Bemühungen umso glaubwürdiger.

Nach der Unabhängigkeit war der rund 20 Organisationen umfassende Nationale Frauenrat (NCWK) von der neuen afrikanischen Elite übernommen worden. Er wurde von der Regierung finanziert. Präsidentengattin Margaret Kenyatta übernahm den Vorsitz des Exekutivkomitees, Margaret Koinange und andere Ministergattinnen standen ihr zur Seite. Die Arbeit der Mitgliedsorganisationen drehte sich in der Regel um Wohltätigkeitsfeste und die Beschaffung von Spenden für mildtätige Zwecke. In den frühen 70er Jahren entstand eine große Zahl von Frauengruppen, die sich für die Ausbildung von Mädchen engagierten, ein Netzwerk für Geschäftsfrauen bildeten oder die 30 Akademikerinnen Nairobis bei Tee und Plätzchen zum Gedankenaustausch versammelten. Vom Feminismus westlicher Prägung waren diese Gruppen weit entfernt, was schon die Sprache verriet: Eine Vorsitzende wurde nicht etwa „Chairwoman" tituliert, sondern mit dem geschlechtsneutralen Wort „Chairperson" angesprochen. Frau wollte ja niemanden provozieren.

An den drängenden Problemen der großen Mehrheit der kenianischen Frauen ging dieser Politikansatz jedoch vorbei – Kenias Frauen befanden sich in der zermürbenden Falle aus Armut und rechtlicher Unterdrückung. Die britischen Kolonialisten hatten ein schwer überschaubares Gewirr aus traditionellem und kolonialem Recht hinterlassen, das bis heute nicht entwirrt ist. Im Kern leiden die Frauen unter zwei Missständen: Erstens erlaubt die Verfassung, dass wichtige familien- und erbrechtliche Fragen vom Gesetz ausgenommen werden können und nach dem Gewohnheitsrecht entschieden werden. Die juristischen Unklarheiten nutzen die Männer in ihrem Sinne aus. Und selbst wenn bindende Rechtsvorschriften angewandt werden könnten, wie etwa in der Frage gleichen Lohns für gleiche Arbeit, dann fehlt es an Kontrollinstanzen und dem politischen Willen, den Frauen zu ihrem Recht zu verhelfen.

Wangari Maathai wird nicht müde, darauf hinzuweisen, dass es den Frauen Kenias in vorkolonialer Zeit in mancher Hinsicht besser ging als heute: „Meine Großmutter wäre bestimmt stolz auf mich, weil ich lesen und schreiben kann und rund um die Welt gereist bin. Aber die Frauen haben vieles eingebüßt. Sie haben den Schutz verloren, den die Familienstrukturen früher boten." Früher stellten die Ältesten sicher, dass auch eine allein stehende Frau ihr Stück Acker bekam, mit dem sie ihre Kinder ernähren konnte. Doch Landraub und Bevölkerungswachstum haben Land zu einer höchst umkämpften Ressource werden lassen. Frauen stellen rund ein Drittel der Haushaltsvorstände, doch haben nur vier von hundert Frauen in Ostafrika einen Landtitel vorzuweisen – einen Eintrag im Grundbuch, der ihnen die Verfügungsgewalt über den Acker zusichert. Das ergab eine Studie des UN-Siedlungsprogramms Habitat.

In den seltensten Fällen hat eine verwitwete Bäuerin auf dem Land die Mittel, einen Schwager zu verklagen, der ihr Stück Land als sein Eigentum reklamiert, obwohl es doch ihr vermacht wurde. Insbesondere im Westen Kenias herrscht nach wie vor die Sitte, dass eine Witwe in den Haushalt eines ihrer Schwäger eintreten muss. Sie muss laut Gewohnheitsrecht die Ehe mit dem Mann eingehen. Dieser Bund gilt erst als vollzogen, wenn der Schwager mit ihr geschlafen hat. Dass das die Ausbreitung von Aids fördert, versteht sich von selbst. Dennoch wurde der gewohnheitsrechtlichen Praxis kein Riegel vorgeschoben. Mögliche positive Aspekte der kruden Regel werden noch dadurch pervertiert, dass der Mann womöglich Land und Frau beansprucht, sich aber weigert, für die Kinder zu sorgen.

Dass Väter für die von ihnen erzeugten Kinder aufkommen, ist ein Traum der afrikanischen Frauen, die die Last der Haushaltsführung oft allein bewältigen müssen. An der muslimisch geprägten Küste von Kenia ist es keine Ausnahme, dass die Männer mit

Zustimmung eines Imams ihre Frauen verstoßen und sich um die Folgen nicht kümmern. Die vom Arbeits- und Sozialrecht vorgeschriebene Renten- und Gesundheitsvorsorge durch den Arbeitgeber wird massenhaft umgangen, was insbesondere die ohnehin unterbezahlten weiblichen Dienstboten in den Städten und die Tagelöhnerinnen auf dem Land benachteiligt. Zum einen scheuen viele Arbeitgeber die Kosten. Zum anderen wurden die einbezahlten Mittel in einer Weise veruntreut, die zum Zusammenbruch der Sozialsysteme führte. Manche wohlmeinenden Arbeitgeber regeln die Fürsorge für ihre Angestellten deshalb auf einer informellen Ebene, was die Betroffenen in völliger Ungewissheit über ihre Zukunft und ihre soziale Absicherung lässt.

Als krasse Missachtung der Menschenrechte von Frauen muss die Strafverfolgung in Vergewaltigungsfällen gelten. Vergewaltigung ist in Kenia inzwischen sehr häufig geworden, ein nahezu „institutionalisierter Bestandteil von Raubüberfällen", wie es ein langjähriger UNO-Mitarbeiter in Nairobi ausdrückt. Da sich wie zuvor in Südafrika die Mär verbreitet hat, durch Sex mit nicht infizierten Mädchen könne man sich von einer HIV-Infektion befreien, sind Kinder und junge Frauen einem drastisch erhöhten Vergewaltigungsrisiko ausgesetzt. Doch oft sehen Polizisten von einer Strafverfolgung ab, weil sie das Delikt als Bagatelle betrachten – Melonendiebe erwarten in Kenia schlimmere Strafen als Vergewaltiger. Zudem liegt die Beweislast beim Opfer, das nur zu oft kein Geld für aufwändige medizinische Proben oder den Transport von Zeugen zur nächsten Polizeiwache hat.

Als Vertreterin mehrerer Frauenorganisationen trat Wangari Maathai 1976 in den Nationalen Frauenrat ein und wurde dort Vorsitzende der Umweltschutzkommission. 1975 hatte sie im Internationalen Jahr der Frau an der 1. Weltfrauenkonferenz in Mexiko teilgenommen. Es war der Startschuss zur UN-Dekade der Frauen, die 1985 mit der 3. Weltfrauenkonferenz in Nairobi zu

Ende ging. Die These „Armut ist weiblich" und die Auffassung, dass in der Entwicklungspolitik ein besonderes Augenmerk auf die Förderung der Frauen zu legen ist, setzte sich in den 70er Jahren durch. Als eloquente Vertreterin der Nichtregierungsorganisationen eines Entwicklungslandes wurde Wangari Maathai damals schon ein „global player". Sie ist spätestens seitdem ein begehrter Gast internationaler Konferenzen und geübt darin, ihre Bemühungen in der Heimat in einen globalen Kontext einzuordnen.

Doch daheim setzte sich die politische und soziale Diskriminierung der Frauen fort. Von 1963 bis 2003 gab es in Kenia nur zwei Ministerinnen. Ihr Anteil an den 222 Parlamentssitzen schwankte zwischen zwei und 18. Ende der 70er Jahre wurde sich Wangari Maathai zunehmend der politischen Dimension ihrer außerparlamentarischen Arbeit bewusst. Der Erfolg ihres 1977 gegründeten Green Belt Movement stärkte ihre Position im Nationalen Frauenrat (NCWK), dessen Vorsitz sie 1981 übernahm. Doch führte ihre Wahl zu einer Spaltung der Organisation. Der einflussreiche Frauenverband Maendaleo ya Wanawake (Fortschritt für Frauen), der inzwischen eine Unterorganisation der Einheitspartei KANU geworden ist, lehnte ihre Wahl ab, ebenso die Girl Guides Association. Die Regierung setzte die Finanzierung des NCWK aus und hat sie bis heute nicht wieder aufgenommen.

An der Person Wangari Maathai hat sich ein bis heute andauernder Streit über die Ziele der Frauenbewegung in Kenia entzündet. Die konservativen Kräfte befürchten eine Schwächung, wenn die Frauen die Vorherrschaft der Männer in Politik und Familie zu sehr in Frage stellen. Maathais öffentlich ausgetragene Scheidung und ihre Rolle als allein stehende Mutter machen sie in den Augen der konservativen Frauen angreifbar.

„Das fanden die Leute damals noch unerhört, dass eine allein stehende Frau so viel Lärm macht", sagt Maathais alte Freundin Vertestine Mbaya. Doch Wangari Maathai hat sich durch die persönlichen Anfeindungen nicht von der Politisierung der Frauenbewegung abbringen lassen. Ihre Standhaftigkeit führte sie zwangsläufig auf Konfrontationskurs zur Regierung. Am Rande der 3. Weltfrauenkonferenz in Nairobi brüskierte sie 1985 das Moi-Regime, als sie Hunderte von Landfrauen in die City zur Demonstration einlud. Auf dem Rücken schleppten die Frauen große Holzbündel vor das Kenyatta International Conference Center, den markanten Turm im Herzen Nairobis, in dem die Delegierten tagten und wo auch das KANU-Hauptquartier untergebracht war. Zum Entsetzen der um eine harmonische Außendarstellung bemühten Regierung stellten die Frauen dort ihre Not zur Schau und verschafften ihrem Einsatz zum Erhalt von Kenias Wäldern ein weltweites Forum. Wangari Maathai leitete Kenias unabhängige Frauenbewegung bis 1987, als ihr Mandat den Statuten gemäß auslief. Dem Nationalen Frauenrat gehören heute 150 Organisationen an. Eine der größten ist das Green Belt Movement, die Grüngürtel-Bewegung.

4. „Mama Miti" und ihr Lebenswerk
Das Green Belt Movement

In Kenia genießt eine Mutter größeren Respekt als eine kinderlose Frau. Ihre besondere Rolle in der Gesellschaft drückt sich auch darin aus, dass sie mit dem Namen ihres ältesten Kindes angesprochen wird. Heißt das Älteste Waweru oder John, dann ist die Mutter automatisch „Mama Waweru" oder „Mama John".

Wangari Maathai bildet eine Ausnahme. „Mama Miti" sagen die Kenianer zu ihr. „Mutter der Bäume" heißt das in der Landessprache Kisuaheli. „Wenn sie einmal stirbt, dann wird sie gewiss als Baum wieder geboren", glauben nicht wenige ihrer Verehrer. „Die kleinen Bäume da, das sind meine Babys, wir müssen sie gießen, sonst sterben sie!", rief sie 1999 einer Hundertschaft Polizisten zu, die sie daran hindern wollten, ihre in Plastiktüten angelieferten Setzlinge im Karura-Wald von Nairobi einzupflanzen.

Wangari Maathai hat, seit sie sich erinnern kann, ein tiefes, emotionales Verhältnis zur Natur. Wenn sie sich an ihre Kindheit erinnert, dann wird ihr der Verlust an Schönheit und Lebensqualität, der mit dem Abholzen der heimischen Wälder in den letzten 50 Jahren einherging, erst so richtig bewusst. Ihre Lieblingstiere waren die schwarz-weißen Colobus-Affen, die kunstvoll von einem Baum zum andern springen. Als Mädchen spielte sie am Ufer eines Flüsschens in der Nähe ihres Elternhauses. „Die Froscheier im kristallklaren Wasser habe ich geliebt", sagt sie. Sie habe sich immer vorgestellt, der Laich bestünde aus Perlen, und sich die glibberige Masse um den Hals gelegt.

„Damals wusste ich ja nicht, dass ich die Frösche störe", sagt sie. Das Flüsschen ist heute längst ausgetrocknet. Wo noch Wasser fließt, ist es trübe und schlammig, weil der Regen den Mutterboden von den erodierenden Hängen in die Bäche spült.

Die Medien, insbesondere in Kenia, zeichneten die Friedensnobelpreisträgerin lange als naturverliebte, radikale Ökologin, der die Bäume wichtiger seien als die Menschen. Viele Fotos zeigen Wangari Maathai, wie sie einen alten, knorrigen Feigenstamm umarmt. Doch das Bild einer gefühlsduseligen Baumliebhaberin, die sich an ein romantisches Naturkonzept aus dem 19. Jahrhundert klammert und ihren Wald wiederhaben will, greift viel zu kurz. All ihre Politikansätze haben sich um die eine pragmatische Frage gedreht: Was nützt den Menschen? Das belegt nicht zuletzt die Entstehungsgeschichte des Green Belt Movement. In Übersetzungen wird diese Bürgerinitiative „ Grüngürtel-Bewegung" genannt. Sie ist Maathais Lebenswerk. Das grundlegende Motiv für die Anpflanzung von Millionen Bäumen in Kenia war für Maathai immer die Verbesserung der Lebensbedingungen der Bevölkerung.

Während ihrer Forschungsreisen auf dem Land stellte Wangari Maathai Anfang der 70er Jahre häufig fest, dass nicht die Zeckenplage, die sie untersuchen wollte, die Menschen interessierte, sondern die Frage, wo sie Brennholz zum Kochen herbekommen sollten. Woraus sollten sie die Zäune bauen für die Viehgatter, woher das Bauholz nehmen für Häuser und Schuppen! In manchen Gegenden war die Abholzung so weit fortgeschritten, dass der Wind ungebremst über die Hänge fegte, riesige Staubwolken aufwirbelte und ganze Schuldächer mitriss. Die junge Veterinärin war schon in den 60er Jahren für das Thema Umwelt sensibilisiert worden. Sie unterstützte tatkräftig die „Watu wa Miti", die Männer der Bäume. Diese Initiative war 1922 in Kenia gegründet worden. Ein britischer Forstbeamter, Richard St. Barbe Baker, und Chief Josiah Njonjo, Vater des späteren Generalstaatsanwalts Charles Njonjo, wollten Wasser- und Holzmangel in der Halbwüste bekämpfen, indem sie mit den Gemeinden große Aufforstungsprogramme starteten. Ein Chief war ein von den Briten eingesetztes Bindeglied zwischen der Kolonialverwaltung und der lokalen Bevölkerung. Chief Njonjo genoss großes Ansehen und wird in Kenia heute als „Mann der Bäume" verehrt.

In Form aufwändig organisierter Tanzzeremonien suchten die beiden Umweltpioniere mit Hilfe junger Krieger den Segen für ihre Pflanzaktionen einzuholen und die Zustimmung der Bevölkerung zu gewinnen. St. Barbe Baker propagierte die Idee sehr bald auf der ganzen Welt, während Chief Njonjo bis zu seinem Lebensende in seiner Heimat Bäume pflanzte und dabei auch auf die Zustimmung des sehr auf Kikuyu-Traditionen bedachten Präsidenten Jomo Kenyatta stieß. „Mzee", ehrwürdiger alter Mann, wurde Kenyatta genannt, und wo immer der Mzee hinfuhr, pflanzte er einen Baum. Es wurde ein Ritual, das bis heute aus dem offiziellen Geschehen in Kenia nicht wegzudenken ist.

Selbst Bundeskanzler Gerhard Schröder hat dort anlässlich seines Besuches im Januar 2004 einen Setzling eingegraben und gegossen. Während das Ritual aus Zwecken der Propaganda beibehalten wurde, geriet die ursprüngliche Idee der massenhaften Wiederaufforstung des Landes jedoch in den Hintergrund.

Es waren rein praktische Motive, die Wangari Maathai auf den Gedanken brachten, die „Männer der Bäume" in abgewandelter Form wiederauferstehen zu lassen. 1974 kandidierte ihr Mann Mwangi in Nairobis Stadtteil Langata für die Einheitspartei KANU. Langata war damals schon ein bettelarmer Wahlkreis.

Er beherbergt heute den wohl größten Slum Afrikas, Kibera, wo sich mehr als eine halbe Million Menschen in menschenunwürdigen Verhältnissen drängen. Es fehlen Strom, Wasser und Kanalisation. Krätze, Wurmbefall und Infektionskrankheiten sind verbreitet. Kibera ist berühmt für seine „flying toilets", die fliegenden Toiletten – Plastiktüten, in die die Menschen in Ermangelung sanitärer Anlagen ihre Notdurft verrichten und die sie dann fortwerfen. Wangari Maathai führte 1974 das Rote Kreuz Nairobi als ehrenamtliche Direktorin und war Mitglied im Environmental

Liaison Center, das die umweltbezogenen Initiativen in Kenia zu koordinieren suchte. Die junge Frau unterstützte die Wahlkampagne ihres Mannes und versprach bei mehreren Auftritten, sich um Jobs für die Not leidenden Wahlbürger von Langata zu kümmern. „Vielleicht war ich naiv, aber ich habe die Versprechen ernst genommen, die wir den Wählern gegeben hatten", schreibt sie rückblickend über die Geschichte des Green Belt Movement.

Nach dem Wahlerfolg Mwangis sinnierte Wangari Maathai, wie sie in Langata Arbeit und Einkommen schaffen könnte, und verfiel auf den Gedanken, Wohlfahrtspflege und Umweltschutz zu verbinden. Sie begründete eine kleine Baumschule und wenig später das Unternehmen Envirocare Ltd., das Arbeitslose zum Clean-up in Langata anheuerte. Sie sollten Brachen von Schrott und Müll befreien und die Setzlinge pflanzen. Firmensitz war das Privathaus der Maathais. „Die Gründung der Firma war inspiriert durch den puren Enthusiasmus einer jungen und idealistischen Kikuyufrau", schreibt sie. Gemeint ist, dass sie alle Ausgaben aus ihrer privaten Börse bezahlen musste. „Ich musste auf sehr schmerzliche Weise lernen, dass arme Leute eine zu große Belastung für jemanden werden können, der ihnen helfen will." Sie musste sie in ihrem kleinen VW-Käfer zur Arbeit fahren, obwohl sie ja selbst auch noch einen Job an der Hochschule hatte, Kinder und einen Haushalt zu versorgen, von vielen Ehrenämtern und Frauenmeetings ganz abgesehen. „Ich glaube, sie brauchte damals schon weniger Schlaf als andere Leute", mutmaßt ihre Freundin Vertestine Mbaya.

Das Unternehmen war jedenfalls ein Flop, doch seine Gründerin gab nicht auf. Auf der internationalen Agrarmesse in Nairobi wollte sie 1975 mit der Ausstellung ihrer Setzlinge Kunden und Spender für Envirocare Ltd. gewinnen und freute sich über das positive Feedback der Messebesucher. Leider hat sich kein Einziger je wieder bei ihr gemeldet. Die Setzlinge wanderten zurück in den

Maathaischen Garten in Langata, worüber Ehemann Mwangi nicht erbaut war, denn die Pflänzchen sahen inzwischen arg zerrupft aus. Mwangi hatte zudem jedes Interesse an dem Unternehmen seiner Frau verloren, da es kaum Gewinn abzuwerfen versprach. 1976 reiste sie zu einer Konferenz nach Kanada, wo sie beeindruckende Frauen wie die katholische Ordensgründerin und spätere Friedensnobelpreisträgerin Mutter Theresa und die Ethnologin Margaret Mead kennen lernte. Voller Enthusiasmus kehrte sie nach Kenia zurück, wo sie ihre kleine Plantage sterbend vorfand. Niemand hatte sich um die Pflanzen gekümmert. Angesichts des großen Wassermangels hatte der Stadtrat von Nairobi die Wässerung der Gärten untersagt. Die Bäume waren tot. Die Idee nicht.

Erste Erfolge, erste Rückschläge

Es sind zwei Faktoren, die den überwältigenden Erfolg des Green Belt Movement ausgemacht haben. Erstens war das Projekt von Anfang an eng an den Nationalen Frauenrat angebunden und hatte damit potente Fürsprecherinnen. Und zweitens gab es in Nairobi das Büro des 1972 gegründeten UN-Umweltprogramms UNEP (United Nations Environment Programme), das immer nach Möglichkeiten sucht, den Delegierten am Rande großer Konferenzen Beispiele praktischer Entwicklungsarbeit vorzuführen. Nairobi wurde zu einem Zentrum der Umwelt- und Entwicklungspolitik, und das Green Belt Movement (GBM) wurde sehr bald in das sich entwickelnde, globale Netzwerk der Umweltschützer integriert. Die Unterstützung ging so weit, dass die Vereinten Nationen Wangari Maathai in den kritischen Jahren das UN-Gelände in Gigiri als Zufluchtsort anboten, wenn sie um ihr Leben zu fürchten hatte. Als bekannt wurde, dass sie den Nobelpreis bekommen würde und ihr Büro im Ministerium in Anfragen aus aller Welt versank, boten ihr die UN Räume in Gigiri an.

Der Frauenrat reagierte jedoch zunächst sehr zögerlich, als Wangari Maathai 1977 den Vorschlag machte, den sich ausbreitenden Missständen auf dem Land mit der Anpflanzung von Bäumen zu begegnen. Ein Vortrag vor dem Umweltkomitee hatte die engagierten Frauen darüber informiert, dass in Central Province Unternährung und damit einhergehende Krankheiten auf dem Vormarsch waren. Der Anbau von traditionellen Feldfrüchten wie Kartoffeln, Maniok und Kassava wurde vernachlässigt. Die Menschen hatten zunehmend auf den Anbau von Feldfrüchten gesetzt, die sie auf dem Weltmarkt verkaufen wollten, und ihre Äcker überwiegend zum Anbau von Tee, Kaffee oder Zucker genutzt. Die Bauern hofften, mit den Erlösen das Schulgeld für die Kinder und den Einkauf von Lebensmitteln bezahlen zu können. Doch erwies sich das als Irrtum. Die Erlöse reichten nicht, und die Korruption und das Missmanagement der staatlichen Großeinkäufer führten dazu, dass die Bauern ihr Geld oft gar nicht bekamen, oder nur Bruchteile in unregelmäßigen Abständen. Zudem wirkte sich der zunehmende Mangel an Feuerholz auf die Ernährung aus, da die Frauen das Essen nicht mehr oder nicht lange genug kochen konnten. Auch Wangari Maathais Heimatbezirk Nyeri war von der Krise betroffen. Sie war schockiert.

Von Hunger in ihrer Heimat in einer solchen Dimension hatte sie zuvor noch nie gehört. Was tun?

Im Frauenrat waren nicht wenige davon überzeugt, dass die Aufforstung Sache der staatlichen Förstereien sei, nicht aber eine adäquate Herausforderung für die Frauenbewegung. Da jedoch niemand einen besseren Vorschlag hatte, stimmte der NCWK schlussendlich dem Antrag zu, die Aufzucht von Bäumen in das NCWK-Programms aufzunehmen. Aus Envirocare Ltd. wurde nun die Initiative „Save the Land Harambee": Rettet das Land Harambee. Harambee war ein Schlüsselbegriff der Kenyatta-Ära, er bedeutet soviel wie: „Lasst uns alle zusammen arbeiten" – ein Aufruf zur nationalen Einheit des aus zahlreichen Ethnien zusammengesetzten, jungen Staates.

Der Slogan geriet später sehr in Misskredit, weil Spendensammlungen unter dem Motto „Harambee" zur Plünderung der Staatskasse und Bestechung von Wählern in Form von Sozialprojekten oder von Bargeld dienten. Ob Staatspräsident, Minister oder Abgeordneter – immer kurz vor den Wahlen häuften sich die Harambee-Partys. Die Würdenträger gaben sich spendierfreudig und zahlten Millionen in den Harambee-Topf, die sie allerdings zuvor dem öffentlichen Haushalt entzogen hatten. Offiziell sollten damit Schulen, Kliniken oder andere soziale Dienste finanziert werden, doch oft genug endete das Geld direkt in den Taschen einiger weniger Günstlinge, die zum Dank die gewünschten Wählerstimmen organisierten.

Glücklicherweise wurde die Aktion „Save the Land Harambee" schon bald in Green Belt Movement umgetauft. Der „grüne Gürtel" steht für große Kreise von Bäumen, die rund um Schulen und Gehöfte angepflanzt werden.

Am 5. Juni 1977, dem von der UNO ausgerufenen Welt-Umwelttag, versammelte sich eine honorige Gesellschaft in den Kamukunji-Grounds in Eastlands, am Rande Nairobis. Es war eine höchst förmliche Veranstaltung. Nairobis Bürgermeisterin Margaret Kenyatta nahm daran teil, Wasserminister Julius Gikonyo Kiano und George Muhoho, Chef des staatlichen Umweltsekretariats.

Sieben Bäume wurden an jenem sonnigen Tag gepflanzt, zu Ehren von sieben Nationalhelden, die sieben verschiedene Ethnien repräsentieren. Der Massaiführer Ole Lenana gehörte zu den Geehrten, aber auch die Freiheitskämpferin Madam Ketilili aus Kilifi an der Küste. Die Initiative sollte von Anbeginn einen multi-ethnischen Ansatz vertreten. Teil einer jeden Pflanzzeremonie war der gemeinsame Schwur, die natürlichen Ressourcen des Landes für künftige Generationen zu bewahren und die Wüstenbildung zu bekämpfen, die gleichbedeutend sei mit Dürre, Hunger und Tod. „Wir wollen die Wüstenbildung vermeiden, indem wir, wo immer möglich, Bäume pflanzen", heißt es in dem dramatischen Text. Ein gewisses Maß an Pathos darf in Kenias öffentlichen Zeremonien nicht fehlen. Von den sieben Bäumen des 5. Juni 1977 haben zwei überlebt. Kamukunji ist heute bekannt durch seinen großen „jua-kali"-Blechmarkt. Jua-kali bedeutet „unter der heißen Sonne". Die Freilufthandwerker verdienen ihr Geld mit dem Klopfen von Altmetallblechen, die sie mit dem Hammer unter mörderischem Getöse zu Schüsseln und Gießkannen verarbeiten.

Im September 1977 entstand ein weiterer Grüngürtel, der dem „Movement", wie Wangari Maathai es heute nennt, Auftrieb geben sollte. Nairobi war Gastgeber der UNO-Wüstenkonferenz, und die Frage stand an, wie man dem Thema Desertifikation eine praktische Dimension geben könne. Gefragt war Anschauungsunterricht für die Delegierten aus aller Welt. Der Nationale Frauenrat lud sie ein, mit Hilfe von 800 Landfrauen in Naivasha einen großen Grüngürtel anzulegen. Das war der Startschuss zur Ausbreitung der Bewegung. Der greise Chief Josiah Njonjo kam nach Naivasha ebenso wie der bald 90-jährige Richard St. Barbe Baker. Die Zusammenarbeit mit der Kooperative der Landfrauen erwies sich als beispielhaft für die Zukunft des Movement.

Mit Hilfe der Medien trat der NCWK eine nationale Kampagne für die Wiederaufforstung Kenias los. Zu Hunderten trafen Anfragen im NCWK-Hauptquartier ein, und die dort gezogenen Setzlinge reichten schon bald nicht mehr aus, um den Bedarf zu decken. Wangari Maathai bat den obersten Waldkonservator Onesmus Mburu um Hilfe. Sie brauche 15 Millionen Setzlinge, erklärte sie dem verdutzten Oberförster. „Pro Person ein Baum" war das Motto der Bewegung, und Kenia hatte damals 15 Millionen Einwohner. Mburu brachte das zum Lachen, er hielt das Ziel für völlig übertrieben und unrealisierbar.

Er werde so viele Setzlinge bereitstellen wie benötigt würden, verprach er. Kostenlos. Doch schon ein Jahr später überstieg der Bedarf seine Möglichkeiten. Die Grüngürtel-Bewegung war gezwungen, die kleinen Bäume zu kaufen und zudem neue Baumschulen zu gründen, um die Nachfrage befriedigen zu können. Das aber hieß: Die Bewegung brauchte Geld. Zudem stellte sich heraus, dass sie die Aufforstung dank ihrer guten Kontakte zu den Bäuerinnen effektiver bewerkstelligen konnte als die staatlichen Forstämter. Es gab die ersten ernsthaften Spannungen zwischen den „harmlosen" Pflanzaktivisten und der Regierung, welche sich in ihrer Kompetenz in Frage gestellt sah. Schon wurden die ersten Bauern eingeschüchtert und davon abgehalten, das GBM zu unterstützen.

Mit Hilfe einer örtlichen Ölfirma und Mitteln aus dem Fonds der UN-Dekade der Frauen etablierte das Green Belt Movement Ende der 70er Jahre eine größere Baumschule in Nairobi und legte den Grundstein für den Aufbau weiterer Baumschulen in den Gemeinden. Die Finanzierung blieb immer ein Problem für die Bewegung; selten war im Vorfeld eines Jahres klar, wie es finanziell weitergehen sollte. Die skandinavischen Länder, allen voran Norwegen, aber auch die deutsche Heinrich-Böll-Stiftung, die Zeitschrift Brigitte, die Gesellschaft für technische Zusammenarbeit (GTZ), die britische Gaia-Stiftung, die Rockefeller Foundation, Care Österreich oder die Afrikanische Entwicklungsstiftung trugen oder tragen noch zum Erhalt des GBM bei. Sein Jahresetat überstieg oft keine viertel Million Euro, wovon in manchen Jahren fast fünf Millionen Bäume gepflanzt, Tausende Bäuerinnen geschult und Tausende freiwillige Mitarbeiter mit Pfennigbeträgen unterstützt wurden. Der Etat ist ein Witz verglichen mit den Ausgaben, die sich zahlreiche ausländische Hilfsorganisationen in Kenia leisten, die glauben, ohne Vierrad-Fuhrpark und Funkanlage nicht auskommen zu können.

Die Transportfrage ist noch immer ein ungelöstes Problem der Bewegung, sagt der leitende Mitarbeiter Njogu Kahare. Auf dem GBM-Grundstück in Kilimani, Nairobi, symbolisiert ein etwa 40 Jahre alter Bus den Notstand: Aufgebockt, ohne Räder, angerostet – mit diesem Bus wird nie wieder eine Seminargruppe zur Umweltschulung fahren können. Die Setzlinge aus den Baumschulen durch unwegsames Gelände zum Bestimmungsort zu bringen, scheiterte oft am Mangel an geeigneten Fahrzeugen. Für die GBM-Angestellten, die das Anpflanzen und die Pflege der Bäume „im Feld" überwachen und auf korrekte Abrechnung mit den Bäuerinnen und Kooperativen zu achten haben, ist der Weg zum Arbeitsplatz schon eine Herausforderung: Angewiesen auf öffentliche Transportmittel können sie selten ihre Termine einhalten. Wie sie die in entlegenen Waldwinkeln angepflanzten Setzlinge in einer vertretbaren Zeit erreichen sollen, ist immer wieder eine Herausforderung. Meist müssen sie stundenlange Fußmärsche zurücklegen. Abhilfe soll jetzt die Anschaffung von geländegängigen Kleinstmotorrädern schaffen. Doch stellt sich wieder die Frage: Wer soll das bezahlen? Zum Glück will seine Gründerin einen Teil ihres Nobelpreises in das Movement investieren, das dürfte die Sorge ums Geld für einige Zeit mildern.

Es gibt in der Entwicklungspolitik, wenn es um die Finanzierung von Projekten geht, eine Verlogenheit, die schwer nachvollziehbar ist. Ob private Spender oder große Geber – allzu oft weigern sich die vermeintlichen Samariter, für fixe Kosten wie Gebäude, Computer oder Gehälter aufzukommen.

Professionelle Entwicklungsarbeit kann aber nur mit gutem Personal effizient bewältigt werden. Es ergibt wenig Sinn, die tollsten Schulungen auszurichten und den Druck einer bunten Broschüre zu bezuschussen, wenn die begünstigte Hilfsorganisation ihre Miete und ihre wenigen Festangestellten nicht bezahlen kann.

In der humanitären Zusammenarbeit wird das Missverhältnis besonders deutlich. Ein eklatantes Beispiel ist das Kinderheim „The Nest" in Limuru, nicht weit von Wangari Maathais Oberschule. Es wurde von der Deutschen Irene Baumgartner für die Kinder straffällig gewordener Frauen gegründet. Hier ist eine echte Marktlücke im Helferwesen, denn wer kümmert sich um die Kinder, während ihre Mütter Haftstrafen verbüßen! Manchmal die Nachbarn und Verwandte. Aber oft auch nicht. Mehr als 60 der vernachlässigten Kinder hat Irene Baumgartner aufgenommen, ein Großteil sind Säuglinge und Kleinstkinder, die intensiver medizinischer Betreuung bedürfen. Das Heim wird überhäuft mit Kleider- und Sachspenden. Aber niemand will für die Krankenschwestern bezahlen, die Tag und Nacht auf die Kleinen aufpassen.

Sozialarbeiterinnen sorgen dafür, dass die Kinder den Kontakt zu ihren weggesperrten Müttern nicht verlieren und sie organisieren die Familienzusammenführung nach der Haft. Niemand will für diese Expertinnen aufkommen. Irene Baumgartner bettelt sich das Geld bei deutschen Kirchengemeinden zusammen und lebt selbst von der Hand in den Mund. Sie bräuchte vielleicht 10 000 Euro im Jahr zur Absicherung ihrer Initiative, ein Bruchteil dessen, was einer der vielen GTZ- oder THW-Geländewagen in Nairobi kostet. Aber niemand hilft ihr, denn die humanitäre Hilfe ist gerade kein Schwerpunkt der deutschen Entwicklungszusammenarbeit mit Kenia.

Mit solch unlogischen, wenn nicht gar unmoralischen Bedingungen für die Unterstützung aus dem Ausland musste sich Wangari Maathai über Jahrzehnte herumschlagen. Es war nervenaufreibend, schließlich konnte sie keine kleinen, süßen Babys vorweisen, sondern „nur Bäume". Der humanitäre Aspekt ihrer Umweltaktion hat sich den Gebern oft nicht erschlossen. Erst in der jüngeren Vergangenheit setzte sich die Erkenntnis durch, dass 100 000 Aktivisten und 6000 Frauengruppen ein demokratisches Potenzial darstellen, das einen wichtigen Beitrag zur Verbesserung der politischen Lage in Kenia und damit einen Beitrag zur Entwicklung leisten kann.

Der Weg zu diesem Erfolg war lebensgefährlich für Wangari Maathai, die immer wieder den Landraub der korrupten Moi-Regierung öffentlich anprangerte. Die Existenz des GBM stand mehr als einmal in Frage.

Als die Koordinatorin 1979 nach einem Forschungsaufenthalt aus den USA nach Kenia zurückkam, war der Frauenrat umgezogen. Die Baumschule des GBM fand sich auf einer Müllkippe. 1992 musste das GBM von einem Tag auf den andern seine gemieteten Büroräume aufgeben, nachdem Wangari Maathai ein Millionen-Bauprojekt in Nairobis Uhuru-Park verhindert hatte. Und niemand in Kenia traute sich, der streitbaren Professorin ein neues Hauptquartier zu vermieten. Das GBM mitsamt 65 Mitarbeitern logierte volle sechs Jahre im keineswegs besonders geräumigen Wohnzimmer ihres Privathauses in South C., einem Stadtteil Nairobis. Ein Holzverschlag vor der Fensterfront bot zusätzlich Platz. Erst nach Jahren fanden sich einsichtige Spender, die den Ankauf des heutigen Sitzes in Kilimani und das Schulungsgelände des GBM in Langata finanzierten. Bis dahin hatte das Movement bereits 20 Millionen Bäume in Kenia gepflanzt.

Die „Baumwurzelrevolution" – von den Anfängen zur Massenbewegung

Wer einmal eine Schulung des Green Belt Movement in einer dörflichen Frauenkooperative besucht hat, der weiß, warum Wangari Maathai ihre nunmehr 30 Jahre alte Initiative eine Graswurzel-Bewegung nennt. Da sitzen 10 oder 20 Frauen, die vielfach nicht lesen und schreiben können, auf einem Stück Gras in der heißen Sonne und lauschen den Erklärungen eines GBM-Vertreters.

Er erzählt von den Anfängen der Bewegung, er erläutert, warum es wichtig ist, Bäume zu pflanzen. Besonders aufmerksam hören die Frauen zu, wenn es darum geht, was sie selbst davon haben, wenn sie sich zusätzlich zu all der täglichen Plackerei noch die Verantwortung für einige Hundert junge Bäume aufbürden. Der finanzielle Anreiz ist dabei nicht zu überschätzen: Pro überlebenden Setzling bekommt die Kooperative 5 Keniaschillinge, also umgerechnet etwa fünf Euro für hundert Bäume. Die Summe ist verschwindend klein, zumal rund die doppelte Anzahl an Bäumen anzupflanzen ist. Nach den Erfahrungen des GBM überleben etwa die Hälfte der ausgebrachten Pflanzen.

Aber nach ein paar Jahren summiert sich die kleine Aufwandsentschädigung und die Frauen können aus eigenen Mitteln eine kleine Näherei eröffnen oder eine Bäckerei.

Das GBM stellt zusätzlich Gartengeräte, oft auch Samen und Setzlinge, wenn die Frauen nicht schon eine eigene Baumschule haben. Den Transport, das Buddeln und Graben, Düngen und Gießen müssen sie selbst leisten. Sie erfahren auf den Schulungen auch, wie sie Bäume und Feldfrüchte auf ihren kleinen Äckern mischen können, damit sie ihre Ernährungslage verbessern.

Zudem sind diese Seminare unter freiem Himmel auch politische Schulungen, denn die Bäuerinnen lernen gleichzeitig etwas über ihre Rechte und den Landmissbrauch durch die herrschende Elite. Sie lernen die Samen der heranwachsenden Bäume für die weitere Zucht zu nutzen, sie erfahren etwas über den ökologischen Nutzen ihrer Arbeit für die Wasserwirtschaft und die Artenvielfalt. Vor allem aber bemerken sie nach wenigen Jahren, wie viel leichter es ihnen fällt, in ihrer unmittelbaren Umgebung Feuerholz zum Kochen zu finden.

Den Nutzen der Arbeit haben auch die Männer anerkannt, was wiederum zu einer Aufwertung der Rolle der Frauen in den Gemeinden geführt hat. Sobald ihre ökologische Eigeninitiative

Erfolg zeitigt, agieren sie mit einem ganz neuen Selbstbewusstsein. Auch gegenüber den staatlichen Autoritäten. Eine bezeichnende Episode aus Mericho im Distrikt Muranga hat sich weit herumgesprochen: Die Frauen hatten einen Grüngürtel rund um die örtliche Polizeiwache angelegt. Nach ein paar Jahren wollten die Polizisten sich daran machen, die Bäume zu fällen, um mit dem Verkauf des Holzes ihr kärgliches Salär aufzubessern. Das aber haben die Frauen verhindert und sich den Polizisten in den Weg gestellt.

Das GBM hat seine Arbeit in zwei Phasen unterteilt. In der ersten Phase von 1977 bis 1999 lag der Schwerpunkt auf der Bepflanzung von privaten Grundstücken. Dabei wurden maßgeblich so genannte exotische Arten verbreitet, von den Kolonialisten importierte Sorten, darunter schnell wachsende Pinien, deren Nutzen schon nach wenigen Jahren sichtbar war. Entgegen einem weit verbreiteten Vorurteil sind nicht alle nicht-indigenen Baumarten unbedingt schädlich für die örtlichen Ökosysteme. Das GBM hatte abzuwägen zwischen einer ökologischen Maximalforderung und dem Anspruch der Bäuerinnen, nicht erst nach 30 oder 50 Jahren die Früchte ihrer Arbeit ernten zu können. Zusätzlich zu den privaten Grundstücken bemühte sich die Bewegung um die Flächen von Kirchen, Schulen oder Kliniken sowie um die Anlage kleiner Baumschulen, so dass die Bauern weniger lange Wege zurücklegen mussten, um an Samen und Setzlinge zu kommen. In den Anfängen versuchte das GBM, Behinderte mit der weiteren Pflege der ausgebrachten Bäume zu betrauen und auf diese Weise Arbeitsplätze für eine benachteiligte Minderheit zu schaffen. Doch waren diese Hilfskräfte auf lange Sicht überfordert. „Bäume", sagt der UN-Forstexperte Jens Mackensen, „sind wie kleine Kinder. Sie bedürfen jahrelanger Pflege." Wasser herbeizuschleppen zum Gießen ist eine Herausforderung, zumal in den Trockengebieten. Wichtig ist auch der

Schutz gegen Verbiss, so dass Ziegen oder Antilopen die Stämmchen nicht vernichten können.

Seit 1999 legt das GBM den Schwerpunkt seiner Aktivitäten auf öffentliches Land, insbesondere die bedrohten Wälder selbst, und propagiert ausschließlich indigene Sorten, die in ihrer Region beheimatet, deren Samen im Wald zu finden sind und die sich nahtlos in die angestammten Ökosysteme einfinden. Das heißt, sie ernähren die dort beheimateten Vögel und Affen, werden durch die dort lebenden Insekten bestäubt und laugen die Böden nicht aus. Solche Sorten sind je nach Region und Höhenlage Rote Zypressen, Cordia-, Mahamia- oder die hoch wachsenden Podobäume. Von besonderem Wert sind langfristig die Medizinhölzer, die etwa den Grundstoff eines Medikaments zur Behandlung von Prostata-Beschwerden liefern, oder auch die kostbaren, nahezu ausgerotteten Rosenhölzer. Die neue Strategie hat dazu geführt, dass die nackten Zahlen des GBM heute weniger beeindruckend sind als Mitte der 90er Jahre: Konnten 1994 während der beiden Regenzeiten noch 4,4 Millionen Bäume angepflanzt werden, waren es seit 2000 insgesamt noch rund 3 Millionen. Für das GBM ist jedoch nicht die Masse allein entscheidend, sondern die Konzentration auf die ökologisch besonders gefährdeten Flächen und die Breitenwirkung der Umwelterziehung, die mit den Pflanzaktivitäten einhergeht.

In der praktischen Zusammenarbeit mit den Gemeinden stand das GBM vor drei Problemen, die den Erfolg der Arbeit gefährdeten: Es waren Dürre, Betrug und die Regierung. Problematisch war die Zusammenarbeit mit den Nomaden im trockenen Norden Kenias. In Samburu oder Laikipia konnte das GBM kaum erfolgreich arbeiten, weil entweder chronischer Wassermangel jeglicher Anpflanzung den Garaus machte. Oder aber die Betreuer der jungen Setzlinge zogen mit ihrem Vieh in frische Weidegründe und überließen ihr Projekt seinem Schicksal. Eine weitere Hürde bestand darin, dass manche der bezahlten Aufseher aus dem „Feld" in Nairobi Abrechnungen und Fortschrittsberichte über Anpflanzungen einreichten, die nur auf dem Papier bestanden. Sie kassierten für eine Arbeit, die gar nicht geleistet worden war. Das Movement musste zusätzliche Kontrollen einführen, um den Betrug einzudämmen.

Das wohl größte Hindernis auf dem Weg zum Erfolg war aber die Regierung Kenias selbst. In einer frühen Bilanz ihrer Arbeit im Jahr 1985 hatte Wangari Maathai noch der Regierung, allen voran Präsident Daniel arap Moi, für die Zusammenarbeit und Unterstützung des Movement gedankt. Schon damals wird sie ihr Lob eher aus taktischen Motiven denn aus wahrer Überzeugung niedergeschrieben haben.

Es war für sie wichtig, ihre Ziele nicht von denen der Regierung zu trennen, um bei den sehr obrigkeitshörigen Kenianern besser Gehör zu finden. In der 2003 erschienenen Neuauflage ihrer Schrift „The Green Belt Movement – Sharing the approach and the experience" geht sie dagegen mit Moi hart ins Gericht. „Hätte es nicht das Bestreben vieler Individuen gegeben, die Bewegung zusammenbrechen zu sehen, speziell in der Regierung Daniel arap Mois, dann wäre das schiere Überleben kein besonders großer Erfolg des Green Belt Movement", schreibt die Professorin. Ihr Ansatz aus basisorientiertem Umweltschutz, Frauenförderung und demokratischer Aufklärung wurde dem Moi-Regime zunehmend lästig. Der staatliche Terror schüchterte seit Ende der 80er Jahre viele Menschen, insbesondere die Forstbeamten, so sehr ein, dass sie sich nicht trauten, das GBM zu unterstützen.

Dennoch hat die Bewegung sich weiter ausgebreitet und sogar eine panafrikanische Initiative ins Leben gerufen. Aus Äthiopien, Malawi, Tansania und Uganda reisten Interessierte nach Nairobi, um vom Green Belt Movement zu lernen und die Idee in der Heimat umzusetzen. Gemäß den akribisch geführten Akten des GBM sind bis 2004 afrikaweit rund 30 Millionen Bäume gepflanzt worden. „In Wirklichkeit waren es 60 Millionen Bäume", sagt GBM-Forstwirt Njogu Kahare, „aber wir zählen nur die Überlebenden".

Die Wüste wächst – Zur Lage der Umwelt in Kenia

Wie viel Wald sind 30 Millionen Bäume? Nach Berechnungen von UN-Experten kommt man bei großzügiger Anlage der Pflanzungen auf eine Fläche von 270 Quadratkilometern. Umgerechnet wären das etwa 54 000 Fußballfelder oder etwas mehr als die Hälfte der Ausdehnung der Freien Hansestadt Bremen. Es ist also herzlich wenig, wenn man in Rechnung stellt, dass Kenia rund zweimal so groß ist wie die Bundesrepublik. Die Bilanz fällt noch frustrierender aus vor dem Hintergrund, dass Kenia trotz der Green-Belt-Kampagnen jedes Jahr mehr Bäume verliert, als angepflanzt werden können. Allein die Freigabe von 78 000 Hektar Wald durch Mois Umweltminister Francis Nyenze im Jahr 2001 hat dreimal so viel Waldfläche der Abholzung preisgegeben wie Wangari Maathai und ihre Mitstreiterinnen in 30 Jahren aufforsten konnten. War ihre Arbeit umsonst?

Klare Antwort aller Experten: Nein. Die Statistiken liefern ein falsches Bild. „Reine Flächenzahlen sind völlig aussagelos", sagt UN-Forstexperte Jens Mackensen. „Es kommt darauf an, die Abhackmentalität zu ändern", und in dieser Hinsicht sei der Beitrag des Green Belt Movement nicht zu überschätzen. Die Abholzung in Kenia wäre ohne Wangari Maathai und die 100 000 Mitglieder des Green Belt Movement sehr viel schneller erfolgt. Die nackte Flächenzahl ist auch deswegen bedeutungslos, weil es bei der Aufforstung auf die Qualität und die ökologische Bedeutung der bepflanzten Flächen ankommt. Da das GBM vor allem in den für die Wassergewinnung besonders wichtigen Bergregionen erfolgreich arbeiten konnte, hat es in jedem Fall einen relevanten Beitrag zum Erhalt dieser Ökosysteme geleistet.

Unbestritten ist zudem, dass sich in Hunderten von Dörfern die Versorgung mit Brennholz heute leichter gestaltet als vor 20 Jahren. Die Menschen bemerken sehr wohl, dass sich in ihrem Umfeld wieder Tiere tummeln, die sie jahrelang vermisst hatten. Zum Beispiel Bienen. Die Gewinnung von Honig zur Aufbesserung der eigenen Diät, aber auch zum Verkauf fällt den Dörflern in den Green-Belt-Hochburgen leichter als früher.

Eine von Kenianern für Kenianer gegründete rein schwarzafrikanische, basisorientierte Initiative wie das Green Belt Movement hat dem Thema Umwelt- und Naturschutz zudem eine weit größere Lobby im Land verschafft, als die zumeist von Weißen gegründeten und teils auch von weißen Kenianern dominierten Verbände, die sich vor allem mit dem Schutz des für den Tourismus unverzichtbaren Wildlife beschäftigen. Kenia braucht eine starke Umweltlobby, denn weniger als ein Zehntel der Landesfläche ist für den Ackerbau nutzbar (zum Vergleich: In Deutschland sind es 34 Prozent). Davon müssen aber zwei Drittel der Einwohner leben. Der Druck auf die weitläufigen Reservate und Nationalparks nimmt deshalb zu, sei es durch Nomaden wie die Massai, die in die geschützten Savannen vordringen, sei es durch die Anrainer der letzten Bergwälder, die nach fruchtbaren Ausweichflächen suchen. „Das sind unsere Wassertürme", predigt Wangari Maathai bei jeder sich bietenden Gelegenheit. Diese so genannten Watercatchment-Gebiete Mount Kenya, Aberdares, Mau-Komplex und Mount Elgon sind für das Überleben des ganzen Landes unverzichtbar. Die Millionenmetropole Nairobi sitzt buchstäblich auf dem Trockenen, wenn die Aberdares als Wasserspeicher ausfallen.

Zwei Drittel der Landesfläche gelten als Trockengebiete, Halbwüste oder Wüste mit Niederschlagsmengen von 300 bis 500 Millimetern im Jahresdurchschnitt. Selbst diese geringen Mengen, die den durchschnittlichen Regenfall in Deutschland um ein Drittel, mancherorts gar um die Hälfte unterschreiten, fallen in unzuverlässigen Abständen. Gleichzeitig liegen die Durchschnittstemperaturen in den trockenen Tiefebenen bei weit über 20 Grad, und die Sonneneinstrahlung ist besonders intensiv, schließlich liegt Kenia am Äquator. Der Klimawandel, die Erwärmung der Erdatmosphäre, machen um Afrika keinen Bogen. Der nahe der kenianischen Südgrenze liegende Kilimandscharo gilt den Klimaforschern als deutlicher Beleg für einen allgemeinen Temperaturanstieg: Der mit 5895 Metern höchste Berg Afrikas hat seit 1912 mehr als 80 Prozent seiner Eiskappe eingebüßt. Brauchten Bergsteiger vor 10 Jahren noch alpine Ausrüstung, um den Kilimandscharo zu besteigen, sehen sie die Eiskante des Gletschers beim Aufstieg heute nur noch von weitem.

Kenia erlebt seit Ende des Zweiten Weltkrieges im Schnitt alle vier Jahre eine schwere Dürre. Im Jahr 2004 waren mehr als zwei Millionen Einwohner auf Nahrungsmittelhilfe angewiesen. Die Dürrezonen Kenias unterscheiden sich nicht von denen Südsudans oder Äthiopiens: Alte Frauen liegen sterbend neben ihrer Hütte, die Kornspeicher sind leer, ebenso die Wasserkrüge. Man musste im August 2004 von Nairobi aus keine zwei Stunden in Richtung Mombasa fahren, um im Distrikt Makueni auf schockierende Bilder zu stoßen. 200 Kilometer weiter südlich liegen die Touristen am Strand, doch in Makueni ist ein Drittel der unter 5-Jährigen bereits vom Hunger gezeichnet. Die Dürre begünstigt die Ausbreitung der Aids-Pandemie, denn die jungen Frauen prostituieren sich am Mombasa-Highway für ein paar Schillinge, damit sie Mais oder Erbsen kaufen können. Nach dem Ausfall zweier Regenzeiten wächst nicht einmal mehr das Gras, was selbst dem wenigen Vieh das Überleben schwer werden lässt. Da die letzte Dürre nie lange zurückliegt, gibt es selten finanzielle Reserven, zudem hat ein tödlicher Pilz die wenigen Getreidevorräte befallen. Die Suche nach Wasser nimmt viele Stunden in Anspruch, und immer wieder fallen die Mädchen an den Flussufern beim Wasserschöpfen den Krokodilen zum Opfer, die sich dort drängen, wo es noch Wasser gibt. In den Städten ist nur jeder Fünfte an die Wasserversorgung angeschlossen. Auf dem Land liegt die Quote bei unter vier Prozent. Weder das Leitungs- noch das geschöpfte Wasser sind unbedenklich zu genießen. Amöbenruhr und Typhus sind häufig auftretende Erkrankungen, deren Erreger durch das Wasser übertragen werden können.

Die Energieversorgung des wasserarmen Landes beruht absurderweise zu mehr als 50 Prozent auf Wasserkraft. Sinkt der Pegel in den Staudämmen, wird der Strom rationiert, was die Industrieproduktion bremst und verteuert. Reicht die Wasserkraft nicht, schalten die Energieerzeuger auf die wenigen Ölkraftwerke um. Öl aber muss importiert werden, der ohnehin teure Strom wird nochmals teurer. Der informelle Industriesektor der jua-kali-Freilufthandwerker bricht regelmäßig zusammen. Wer sich beispielsweise als Elektroschweißer am Straßenrand mit Autoreparaturen durchschlägt, kann ohne Strom nicht weiterarbeiten und verdient nichts. Das gesamte Alltagsleben ist betroffen. Konzerte, Theateraufführungen und selbst Notoperationen in Kliniken werden unterbrochen von „powercuts", dem plötzlichen Abschneiden der Stromzufuhr. Die Geothermik ist eine für die Zukunft viel versprechende Methode der Energiegewinnung, aber noch fehlt es an Kraftwerks- und vor allem an Leitungskapazitäten.

Ist es nicht die Existenz bedrohende Trockenheit, dann machen tödliche Schlammlawinen nach heftigen Regengüssen Schlagzeilen. Ungebremst rauscht das Wasser die abgeholzten Hänge hinab und reißt Mensch und Vieh mit in den Tod. Eisenbahndämme, Brücken oder Straßen werden unterspült oder weggerissen. Nur die wenigsten Kenianer können schwimmen, so dass manchem das Hochwasser zum Verhängnis wird. In Nairobi sind schon Menschen in ihren Autos ertrunken, weil sie auf einer überfluteten Straße stecken blieben. Die Reinigung und das Ausheben der Abwassergräben haben dieses Risiko mittlerweile minimiert. Doch in den zahlreichen Slums bedeutet jede Regenzeit noch immer, dass das Leben für die Menschen extrem unangenehm wird. Nicht genug, dass es in die Behelfshütten hineinregnet: Die wenigen Sickergruben laufen über, aus den müllverstopften Gräben läuft das Wasser in die tiefer gelegenen Häuser. Durchfallerkrankungen breiten sich aus, Lungenentzündungen und andere Infektionen sind auf dem Vormarsch.

Kenia hat durchaus eine moderne Umweltgesetzgebung. Das Land hat nahezu alle internationalen Abkommen zum Schutz der Umwelt unterschrieben und ratifiziert. Auf dem Weltgipfel für nachhaltige Entwicklung in Johannesburg 2002 rühmte sich Kenia seiner fortschrittlichen Umweltpolitik. Es gebe einen Aktionsplan schon seit 1994 und ein Umweltmanagementgesetz, sagte Kenias Vertreter Joseph Kamotho, um dann jedoch einzuräumen, dass die Wüstenbildung im Land voranschreite. Das Problem ist die Durchsetzung der Vorschriften. Wirtschaftliche und politische Schwierigkeiten stünden der Umsetzung der erfreulich klingenden Lippenbekenntnisse im Weg, analysiert das deutsche Auswärtige Amt kritisch die Umweltpolitik in Kenia. Ein Zehntel der rund 400 Vogelarten und 51 von 359 vorhandenen Säugetierspezies sind vom Aussterben bedroht, um nur eine Zahl zu nennen, die repräsentativ ist nicht nur für Kenia, sondern für ganz Afrika. Aktuellen Schätzungen zu Folge gibt es nur noch rund 24 000 Löwen auf dem Kontinent, sie sind akut gefährdet.

Der einzigartige Reichtum an Säugetieren, Vögeln und Pflanzen ist jedoch ein unersetzliches Kapital Kenias. Es ist die Basis des Tourismusgeschäfts. 2004 wurden mehr als 800 000 Touristen erwartet. Das Geschäft mit den Gästen bringt Einnahmen von 300 Millionen Dollar im Jahr, steht für ein Fünftel des Bruttosozialprodukts und ist einer der wichtigsten Wirtschaftsfaktoren und Devisenbringer. Der weltweit immer populärer werdende „Ökotourismus" entwickelt sich in Kenia besonders gut. Berühmt ist die Tassia-Lodge einiger Massai-Gemeinden in Laikipia. Es sind kleine exklusive Quartiere, aus Naturmaterialien errichtet und ohne großen Luxus inmitten einer unberührt scheinenden Natur. Wer dort beim Aufwachen aus der offenen Hütte schaut, sieht am Fuß des Hanges bis zu 200 Elefanten grasen. Die Erlöse kommen ohne Umwege über die Taschen ausländischer Investoren ausschließlich den Massai zugute, die den Erhalt ihrer Umgebung garantieren und beispielsweise eine Safari-Rallye durch ihr Gebiet untersagen. Leider kann nur eine Minderheit der Kenianer solche Ausflugsparadiese genießen. Die meisten haben noch nie in ihrem Leben einen Elefanten gesehen.

In der Hauptstadt Nairobi leiden die Bewohner in extremer Weise darunter, wie wenig Rücksicht auf die Belange der Umwelt genommen wird. Nachts ziehen Schwaden von Rauch über die Wohngebiete, wenn der Plastikmüll entlang der großen Ausfallstraßen verbrannt wird. Eine geregelte Müllentsorgung findet nur auf der Basis privater Initiativen statt. Die Müllhalden enthalten Krankenhausabfälle ebenso wie Giftmüll. Wer Batterien umweltfreundlich entsorgen will, muss sie nach Europa schicken. Die Ölkonzerne versprechen die Rücknahme des Altöls und der gebrauchten Ölfilter. Doch tatsächlich werden diese hochgiftigen Abfälle neben den Bushaltestellen entsorgt und bilden Ölseen. Die Schrottsammler brennen die gebrauchten Ölfilter aus, damit sie sie als Altmetall verkaufen können. Der große Bestand an uralten Gebrauchtwagen schafft ein riesiges Abgasproblem.

Bleifreies Benzin ist in Kenia erst 2003 eingeführt worden. Die Flüsse, die sich aus Nairobi den Berg hinabschlängeln, gleichen aus der Luft schwarzen Schaumschlangen, so sehr sind sie verseucht. Der Segelklub Nairobi verfügt über ein Klubhaus und ein paar Boote, doch niemand segelt. Der See vor dem Klubhaus ist die Abwassergrube des Kibera-Slums. Die Wasseroberfläche ist nicht mehr zu sehen, weil die Wasserhyazinthen infolge des hohen Stickstoffgehalts den See überwuchert haben.

Die Mängel in der Umweltpolitik sind zu einem großen Teil Folge des politischen Systems in Kenia. Wie viele afrikanische Länder ist es eine präsidiale Diktatur. Die Verfassung stattet den Präsidenten mit weit reichenden Machtbefugnissen aus, dazu gehört die Kontrolle des Militärs. Der Präsident ist Oberbefehlshaber der Streitkräfte. Er regiert nach dem Prinzip „teile und herrsche", das gilt für keinen Bereich so sehr wie für die Umweltpolitik, die in den Kompetenzbereich von verschiedenen widerstreitenden Ministerien fällt. Die Ministerien für Wasser, Tourismus, Land, Wirtschaft, Kultur und Umwelt – sie alle haben mitzureden. Und am Ende entscheidet der Präsident, was gemacht wird. Das war unter Jomo Kenyatta und Daniel arap Moi so. Und bislang hat sich daran nichts geändert. Der Kompetenzwirrwarr und der chronische Geldmangel führen am Ende dazu, dass umweltpolitisch herzlich wenig in die Tat umgesetzt wird. Der neue Präsident Mwai Kibaki hatte versprochen, eine seit Jahren vorbereitete Verfassungsreform zuzulassen, die zu einer demokratischeren Regierungspolitik führen sollte. Ein mit Exekutivvollmachten ausgestatteter Premier sollte die Macht mit dem Präsidenten teilen. Doch scheint die Erfüllung dieses Versprechens auf den Sankt-Nimmerleins-Tag verschoben worden zu sein, nachdem die Reform Mitte 2004 zum wiederholten Male vertagt worden war.

Was das Kompetenzgerangel für den praktischen Umweltschutz bedeutet, hat kaum jemand besser illustriert als der „Elefantenmann" Richard Leakey. Der berühmte Paläoanthropologe, Sohn der Lucy-Entdecker Mary und Louis Leakey, war 1989 damit beauftragt worden, den Wildtierschutz neu zu organisieren und die für den Tourismus und die Ökosysteme wichtigen Elefanten zu retten. Ihr Bestand war von mehr als 150 000 Exemplaren in den 60er Jahren auf weniger als 10 000 Tiere gesunken. Elefanten haben in der Natur die ökologische Funktion, den kleineren Tieren Wege zu schlagen. Bei Trockenheit graben sie tiefe Wasserlöcher, von denen auch Nicht-Artgenossen profitieren. Und zudem sorgen sie mit ihrem Dung für die Verbreitung von Baumsamen. Leakey unterstand offiziell dem Umweltministerium, aber ohne die Unterstützung des Präsidenten hätte er nichts erreicht. Als hoch gestellte Landräuber 1990 versuchten, ein großes Stück vom Nairobi-Nationalpark abzuzwacken, musste Leakey mehrfach beim Präsidenten intervenieren, bis der das Projekt stoppte.

Geplant waren eine Autobahn am Nordrand und eine Ölpipeline durch den Park; auf das dazwischen liegende Gebiet hatten die Spekulanten ein Auge geworfen. Leakey konnte das nicht zulassen, weil die Verkleinerung des Parks ein abschreckendes Signal für seine ausländischen Spender gewesen wäre. Ölpipelines in Nationalparks sind nicht gerade die Lieblingsprojekte der Umweltschützer. Moi griff ein, der Nordrand des Parks blieb erhalten. An der südlichen Grenze ist er inzwischen jedoch so dicht besiedelt, dass es immer häufiger zu Konflikten zwischen Mensch und Tier kommt: Die Löwen stellen dort dem Vieh der Massai nach, die sich wehren und den Bestand der Raubkatzen im Park drastisch minimiert haben.

Wer Kenia heute bereist, ist in der Regel noch immer beeindruckt von seiner Schönheit, doch sieht er nur selten noch zusammenhängende Waldflächen. Kenia hat seit der Unabhängigkeit 90 Prozent seiner Wälder verloren. Sie bedecken nur noch rund zwei Prozent der Landesfläche. Es sollen wieder zehn Prozent werden, das hat die 2003 angetretene Regierung als Ziel ausgegeben. Wangari Maathai hat dafür seit Jahrzehnten gekämpft und in den politischen Konflikten der Moi-Ära mehr als einmal ihr Leben riskiert. Dass sie überlebte und ihr Movement zu einer großen sozialen Bewegung ausbauen konnte, das verdankt sie der Unterstützung Tausender engagierter Kenianer. Es ist ebenso das

Ergebnis ihrer Fähigkeit, auf internationaler Ebene Kontakte zu knüpfen, Spender zu überzeugen und den Frauen und der Umweltbewegung Afrikas weltweit Gehör zu verschaffen.

Lokal handeln, global denken:
Eine Stimme Afrikas in der Welt

„Sie denkt global und handelt lokal", schrieb das Osloer Nobelpreiskomitee in seiner Begründung für die Vergabe des Friedensnobelpreises an Wangari Maathai. Sie selbst würde es umgekehrt formulieren: „Ich denke, ich nehme die Dinge wahr, wenn ich sie sehe. Ich gehe nicht mit fertigen Konzepten an die Dinge heran." Immer habe sie das Naheliegende getan: Projekte und Prozesse in Bewegung gesetzt und dann die Schlüsse daraus gezogen. Nie habe sie gedacht, dass das Green Belt Movement einmal so erfolgreich sein könnte. Dass ihr persönlicher Einsatz für Kenias Frauenbewegung eine derartige Politisierung des Frauenrates zur Folge habe würde, sei nie ihr Plan gewesen, das habe sich einfach so entwickelt. Auch ihre Einbindung in die internationale Umwelt- und Frauenbewegung ergab sich aus den besonderen Gegebenheiten in ihrem Umfeld in Nairobi.

Dass sie als junge Doktorin 1975 die 1. Weltfrauenkonferenz in Mexiko besuchen konnte, verdankt sie Förderern, die für die Vereinten Nationen in Nairobi arbeiteten. Zu den glücklichen Fügungen in Wangari Maathais Leben gehört, dass das UN-Umweltprogramm UNEP ausgerechnet in ihrer Heimat angesiedelt wurde. Nairobi ist heute mit 26 Agenturen und Tausenden Mitarbeitern der drittgrößte Standort der UN nach New York und Genf. Das Welternährungswerk (WFP), das Kinderhilfswerk (Unicef) oder die Weltgesundheitsorganisation (WHO) betreuen von dort aus die zahlreichen Krisengebiete der Region. UNEP erstellt wissenschaftliche Beurteilungen zum Zustand der Umwelt und erarbeitet

Lösungen: Politikberatung auf höchster Ebene also. Viele Staaten verdanken ihre Umweltgesetzgebung der Unterstützung durch UNEP. Internationale Konventionen – etwa die zur Eindämmung der Wüsten, zur Bekämpfung gefährlicher Chemikalien oder das Klimaschutzprotokoll von Kioto – wurden unter maßgeblicher Beteiligung der Experten in Nairobi ins Leben gerufen.

Schon früh also erhielt Wangari Maathai Gelegenheit, ihre Themen aus einem globalen Blickwinkel zu betrachten. Seit Mitte der 70er Jahre hat sie an ungezählten internationalen Konferenzen zu Entwicklungspolitik, Umweltschutz und Frauenrechten teilgenommen, und zwar nicht als stilles Mauerblümchen. Anders als viele Politiker hat sie sich jedoch die Fähigkeit zum Zuhören bewahrt, und umgekehrt hat sie in ihre Reden gerne Begebenheiten aus ihrem Umfeld eingeflochten. „Das habe ich bei meiner Tante Rahab gelernt", sagt sie, „die hat immer so schöne Geschichten erzählt." Für Wangari Maathai spiegelt Kenia die Verhältnisse auf der Welt: die Spaltung in Arm und Reich, die Unterdrückung der Frau und die Missachtung der Menschenrechte.

Wangari Maathai ist der Traum aller Entwicklungspolitiker: Sie ist hochgebildet, redegewandt vertritt Frauen, Menschenrechte und Umwelt, kommt aus einem Entwicklungsland und hat Erfahrung mit basisnahen Projekten. Mit diesen Qualitäten könnte sie nahezu jeden Posten bei den Vereinten Nationen bekommen. Doch sie ist nie in den UN-Apparat eingetreten. Aber sie hat immer versucht, mit ihm zu arbeiten. Als sie nach ihrem Abgang von der Universität 1981 arbeitslos war, hat sie den Vereinten Nationen das Green Belt Movement als Projekt angetragen; die Entwicklungsagentur UNDP bezahlte ihr als Koordinatorin jeden Monat ein kleines Salär. Die Stelle als Vorsitzende des Nationalen Frauenrates bekleidete sie ehrenamtlich. Nun war sie darauf angewiesen, dass das Movement erfolgreich arbeitete, denn nur dann konnte sie Mittel dafür beantragen und selbst ein Gehalt beziehen, für das später andere Geber aufkamen.

Wichtiger als ihr Einkommen war Wangari Maathai der Kontakt zu den Enthusiasten, die 1972 UNEP mit Leben erfüllten. Es waren Pioniere. Umweltschutz als Profession zu betreiben, war damals noch die Ausnahme. Die ersten Behelfsbüros lagen in der Innenstadt von Nairobi. Selbst auf dem von der Regierung Kenias gestifteten Grundstück im grünen Gigiri blieben die UN eine Organisation zum Anfassen und wurden nicht wie in den Terrorjahren der Jahrtausendwende gesichert wie Fort Knox. Informelle Kontakte zur kenianischen Gesellschaft waren die Regel, der Zutritt zum Gelände war unproblematisch. Die Arbeitsbedingungen der frühen Mitarbeiter erscheinen heute geradezu vorsintflutlich. Altgediente Sekretärinnen erzählen, dass sie nie Anlass zu einer Diät gehabt hätten: Permanent mussten sie zwischen dem Chefbüro und der Hunderte Meter entfernten Telefonzentrale hin- und herlaufen, um beim einzigen Vermittler die für eine internationale Organisation nicht ganz unwichtigen Ferngespräche anzumelden. Wangari Maathai wurde den jeweiligen UNEP-Direktoren eine wichtige Gesprächspartnerin. „Sie ist eine Inspiration, es ist erfrischend, mit ihr zusammenzuarbeiten", sagt Beverly Miller, die als Umweltingenieurin bei der UNEP arbeitet und seit 20 Jahren mit Wangari Maathai bekannt ist. Warum inspirierend? „Weil sie nicht so technokratisch denkt wie wir."

Wangari Maathai sah früh die internationale Dimension ihrer Arbeit: dass globaler Umweltschutz einhergehen muss mit der Verringerung der Armut in Kenia, Brasilien und anderswo, und dass Entwicklung und Wachstum davon abhängen, dass sich auch die politische und wirtschaftliche Lage der Frauen in Afrika verändert. Bis heute lässt Wangari Maathai selten eine Chance aus, auf globaler Ebene für Afrikas Frauen das Wort zu ergreifen. Eine solche Frau ist selten, die keine Scheu davor hat, mit ihren

Händen im Boden zu wühlen, um einen Baum zu pflanzen, die analphabetische afrikanische Frauen als Basis besitzt, die aber gleichzeitig erklären kann, warum die Milliarden-Subventionen für die Agrarindustrie in der Ersten Welt jegliche Entwicklungshilfe für die Dritte konterkarieren. Gern verbreitet sie sich über die Unterstützung von Afrikas Diktatoren, die westliche Bekenntnisse zur Demokratisierung des Kontinents als blanke Heuchelei erscheinen lassen. Afrikas Kriege, sagt sie, nützen der Waffenindustrie der entwickelten Länder, die zum Beispiel mit Maschinengewehren ihr Geld verdient – nicht zuletzt Gewehre der deutschen Marke Heckler & Koch. Das ist zwar allgemein bekannt, hat aber keine politischen Konsequenzen.

Wie ein Rufer in der Wüste wiederholt Wangari Maathai ihr politisches Credo zur internationalen Entwicklungspolitik: Schuldenerlass, Förderung der Demokratie und der Menschenrechte, Ächtung der Diktatoren, Gerechtigkeit im Handel zwischen Nord und Süd, Stärkung der Frauen, Respekt vor dem kulturellen Erbe der Armen. Vor dem Weltgipfel von Johannesburg 2002 stand sie einige Tage auf dem Vorplatz des Hilton-Hotels in Nairobi und erklärte den überraschten Passanten, was solch ein Umweltgipfel mit ihnen selbst zu tun haben könnte: Halbierung der Armut bis 2015 weltweit, sauberes Trinkwasser für Millionen Menschen in der Dritten Welt – das sind Ziele, mit denen auch Frau Wambui und Herr Kamau etwas anfangen können, wenn sie denn jemand darüber informiert. Nach ihren Ausflügen in die weite Welt erstattete Wangari Maathai vor Frauenrunden und Seminargruppen Bericht. Sie wollte vermeiden, dass ihre prominente Rolle als Sprecherin der Nichtregierungsorganisationen vor den globalen Foren sie von den Mitstreitern in der Heimat entfremdet.

Ihre zahlreichen Aufenthalte in den schicken Konferenzzentren der reichen Länder nutzt sie anders als viele Delegierte nicht zum Shopping oder Golfspielen, sondern zur Pflege ihrer Kontakte. Die Konsumorientierung der Menschen in den entwickelten Ländern kann sie nicht nachvollziehen und hält es für fatal, dass Afrikas Eliten ihren Bürgern einen Lebensstil vorleben, den der Kontinent sich nicht leisten kann. „Ich bin sehr enttäuscht davon, dass die afrikanischen Reichen ihre Mitbürger im Stich lassen. Sie sind so damit beschäftigt, Geld zu machen, damit sie sich den Lebensstil des Nordens leisten können, diese Konsumkultur, die um Güter kreist, die wir uns nicht erlauben können. Sie opfern die Zukunft künftiger Generationen für ihren Luxus."

„Was machen wir denn, wenn der Naivasha-See austrocknet!", kritisiert sie die heimische Agrarindustrie. Naivasha, 75 Kilometer nördlich von Nairobi, ist eines der Zentren der florierenden Blumen- und Gemüseindustrie in Kenia. In zehn Jahren sind dort 50 000 Jobs entstanden. Kenia ist Europas wichtigster Rosenlieferant, auch Zuckerschoten und Babymais sind Exportschlager geworden. Die Einnahmen aus dem Blumengeschäft haben das Niveau der Tourismusindustrie erreicht, die Wachstumsraten liegen mit bis zu 20 Prozent im Jahr weit über denen aller anderen Wirtschaftszweige im Land. Spitzenpolitiker und ausländische Investoren hoffen, dass sich „Kenias einzige Erfolgsgeschichte" fortsetzt. Längst dominieren die teils computergesteuerten Gewächshäuser die Landschaft am Lake Naivasha. Die Treibhäuser sind so groß, dass sich Leoparden darin verlaufen. Groß ist auch der Wasserbedarf, und das hat zu einer dramatischen Absenkung des Pegels im Lake Naivasha beigetragen. Der Abfluss von Düngemitteln und Pestiziden in den von Flusspferden und Pelikanen bevölkerten See tut ein Übriges. Die Blumenfarmer rühmen sich nachhaltiger Bewirtschaftung ihrer Flächen mit Wasserauffangbecken und kostenloser Gesundheitsfürsorge für die Mitarbeiter, sie haben ein Gütesiegel ausgeschrieben und versprochen, Mindestlöhne zu zahlen und Auflagen zum Umweltschutz einzuhalten. Aber Tausende Hektar Anbaufläche und Zehntausende Menschen sind nun einmal eine Belastung für die empfindliche Seelandschaft. „Es ist doch nicht sinnvoll, dass wir unsere Umwelt zerstören und Rosen nach Europa liefern, nur damit wir Devisen einnehmen und dort unsere Schulden bezahlen können", kritisiert Wangari Maathai. „Wir werden sehr viel ärmer sein, wenn wir unsere Umwelt zerstören", sagt sie. Die Angestellten der Blumenfabriken profitierten ohnehin zuallerletzt von dem zerstörerischen Boom: Die Gewinne fließen ins Ausland und in die Taschen der „fat cats" von Kenia, einer kleinen Oberschicht, die über Konten im Ausland verfügen soll. Wangari Maathai weiß zwar nicht, womit die 50 000 Arbeiter der Blumenindustrie sonst ein paar Schillinge verdienen könnten, aber das entkräftet nicht ihre Warnungen vor dem Raubbau an der Umwelt.

Wenn sie ein politisches Vermächtnis hat, dann ist dies in ihrer Rede vor der Weltfrauenkonferenz in Peking 1995 niedergelegt. „Engpässe der Entwicklung in Afrika", so der spröde Titel. Doch wieder schlug die Rednerin, die zuvor in ihrem knallbunten Gewand eine verbotene Demonstration zum Ort des Massakers von 1989 auf dem „Platz des Himmlischen Friedens" in Peking mit angeführt hatte, den Bogen von ihrer Heimat Kenia zu den Schaltzentralen der Macht im Westen wie im Osten. Sie sprach darüber, wie der Kalte Krieg die Diktatoren Afrikas groß gemacht habe: Politische Gefolgschaft war den Supermächten wichtiger als die Achtung der Menschenrechte. Die Kultur der Unterdrückung und Einschüchterung kritischer Stimmen sei bis heute in Afrika verbreitet. Vor dem Hintergrund der großen Katastrophen würden die ebenso tödlichen Verfehlungen in den vermeintlich stabilen Ländern gar nicht wahrgenommen: Bürgerkriege in Somalia und Burundi oder der Völkermord in Ruanda seien beherrschende Themen in der westlichen Öffentlichkeit. Aber dass die Korruption in Ländern wie Kenia oder Kongo ebenso tödliche Folgen habe, darüber rege sich in Washington, Moskau oder Berlin keiner auf. Statt den afrikanischen

Staaten Schuldenerlass zu gewähren, sollten lieber die Beträge auf den Schweizer Bankkonten der korrupten Staatsführer nach Afrika überwiesen werden, schlug sie vor. Was sie immer wieder erbost, ist die Reduktion aller afrikanischen Probleme auf das des Bevölkerungswachstums: Solange ein Fünftel der Weltbevölkerung in den Industrieländern 75 Prozent der Ressourcen auf der Welt für sich beanspruche, könne der Rest der Welt kaum wohlhabender werden. „Ein unterbevölkertes Afrika wäre immer noch arm und vernachlässigt", sagte sie den Zuhörern in China.

Nicht alle ihre Auffassungen blieben unwidersprochen. Und doch hat Wangari Maathai in den vergangenen 25 Jahren so viele – mehr als 30 – internationale Preise bekommen, dass sie sie unmöglich alle auswendig aufzählen kann. Selbst die offizielle Liste des Green Belt Movement, die vom Right Livelihood Award 1984 – dem Alternativen Nobelpreis – bis zum Friedensnobelpreis 2004 reicht, ist nicht vollständig. Um nur einige zu nennen: Better World Award 1986; Offeramus-Orden ihres katholischen College in Atchison 1990; Ehrung als Frau der Welt des Jahres 1989 durch Prinzessin Diana; Golden Ark Award 1994 (mit Vorgängern wie König Karl Gustav von Schweden, die Schimpansenforscherin Jane Goodall und Kenias Staatsgründer Jomo Kenyatta); Auszeichnung der Juliet-Hollister-Stiftung (wie Nelson Mandela und der Dalai Lama); 2004 der Petra-Kelly-Preis der deutschen Heinrich-Böll-Stiftung als „eine der wichtigsten Symbolfiguren und Botschafterinnen der afrikanischen Frauen- und Umweltbewegung", außerdem der hoch dotierte Sophie-Preis des Schriftstellers Jostein Gaarder. Zusammen mit den 1,36 Millionen Dollar für den Friedensnobelpreis hat Wangari Maathai fast zwei Millionen Dollar an Preisgeld erhalten. So half sie ihrem Green Belt Movement in schwierigen Zeiten über Engpässe hinweg. Mit den Auszeichnungsurkunden hat sie die Wände ihres Wohnzimmers geschmückt und damit zum Ausdruck gebracht, wie wichtig ihr diese Zeugnisse sind.

Denn all diese Preise, vor allem die frühen Auszeichnungen, waren Teil ihrer Lebensversicherung – nicht im finanziellen Sinne: Es war einfach nicht opportun für die Regierung Daniel arap Mois, die immer berühmter werdende Maathai ermorden zu lassen. Die internationalen Kontakte und die Anerkennung, die sie seit den 80er Jahren weltweit genoss, erschwerten es dem Moi-Regime in den politischen Kämpfen der 80er und 90er Jahre, sie einfach aus dem Weg zu räumen. „Die weltweite Unterstützung war definitiv ein Grund, warum ich nicht wie so viele andere in den Folterzellen gelandet bin", sagt sie. Wie oft sie geschlagen, verletzt und ins Gefängnis geworfen wurde, weiß sie nicht. „Ich habe diese Vorfälle nicht gezählt." Sie hat Fürsprecher in aller Welt gehabt, Kofi Annan, Al Gore, Michail Gorbatschow. Und sie hat auch Glück gehabt.

5. Immer mit einem Bein im Gefängnis
Waldkämpfe und Wahlkämpfe

Nach dem Tod Jomo Kenyattas 1978 übernahm Vizepräsident Daniel Toroitich arap Moi die Macht in Kenia. Er gehört der Kalenjin-Gruppe an, die mit mehr als drei Millionen Angehörigen die drittgrößte Ethnie in Kenia ist. Eine seiner ersten Amtshandlungen war die Entlassung einiger politischer Gefangener, darunter der Schriftsteller Ngugi wa Thiong'o. Viele Kenianer, aber auch Beobachter aus dem Ausland, hofften auf eine Liberalisierung der Gesellschaft und auf eine Öffnung der Kenya African National Union (KANU), die von dem Kikuyu Kenyatta zuvor autoritär geführt worden war. Aus Deutschland reisten führende Berater von Bundeskanzler Willy Brandt nach Kenia, um aus der KANU eine moderne Volkspartei zu machen. Vom Briefkopf bis zur Anstecknadel wollten sie der Partei ein einheitliches Design verpassen. Die Mitglieder sollten besser geschult werden, den Apparat demokratisieren und die KANU zum afrikanischen Vorzeigeobjekt machen. In den 70er und frühen 80er Jahren galt in der Entwicklungspolitik noch die Devise: Alles ist machbar. Allein die den Sozialdemokraten nahe stehende Friedrich-Ebert-Stiftung hatte zeitweilig 40 Entsandte in Kenia stationiert, die Handwerker ausbildeten, Kameraleute oder Automechaniker.

Moi, ehemals Grundschullehrer und später Erziehungsminister, setzte bei der Entwicklung des Landes sehr stark auf Bildung. Zahlreiche Schulen wurden gegründet und neue Universitäten, die jedoch von Anbeginn mit viel zu wenig Mitteln ausgestattet waren. Als Motto seiner Politik gab der 1924 geborene Moi das Wort „Nyayo" aus, was so viel bedeutet wie „Fußstapfen", und für die Kontinuität der prowestlichen Politik Kenias stehen sollte. Von der engen Anbindung an den Westen versprach Moi sich den weiteren Fluss der Entwicklungshilfe, die er für seine hochtrabenden Pläne einsetzen wollte. Noch Mitte der 90er Jahre ließ er sich von westlichen Investoren einen internationalen Flughafen in der Nähe seines Heimatortes Eldoret bauen. Er ist einer dieser typischen afrikanischen „weißen Elefanten", ein Großunternehmen, das nie aus eigener Kraft existieren könnte, weil sich kaum ein Flugzeug dahin verirrt.

Zur ersten Konfrontation Mois mit Wangari Maathai kam es indirekt schon 1981, als die Regierung ihre Wahl zur Vorsitzenden des Nationalen Frauenrates verhindern wollte. Moi war sehr misstrauisch gegenüber Organisationen, die er nicht unter Kontrolle hatte. Um der Bildung einer sozialistischen Partei durch den mächtigen Luoführer Oginga Odinga zuvorzukommen, ließ er die Verfassung ändern und den Einparteienstaat mit der KANU als einziger Partei ausrufen. Sein Misstrauen verschärfte sich zur Paranoia, als am 1. August 1982 einige Luftwaffenoffiziere einen Putschversuch unternahmen. Der wurde noch am selben Tag niedergeschlagen, die Anführer ließ Moi hinrichten. Nairobi glich in den ersten Augusttagen einem Schlachtfeld. Zeitzeugen berichten von hunderten Toten in den Straßen Nairobis, andere sprechen von tausenden Opfern. Plünderer nutzten das vermeintliche Machtvakuum zu Übergriffen auf die meist asiatischen Geschäftsinhaber. Hunderte asiatische Frauen wurden vergewaltigt. Es war die Rache der kleinen Leute an den eingewanderten „Emporkömmlingen", die sich mit ihrem Geschäftssinn einen besseren sozialen Status erarbeitet hatten als die meisten Kenianer.

Mit dem Putsch begann das wohl dunkelste Kapitel in der modernen Geschichte Kenias. Die folgenden zehn Jahre waren gekennzeichnet durch die rücksichtslose Verfolgung aller echten und vermeintlichen politischen Gegner des Moi-Regimes. Gleichzeitig entwickelte sich das Safari-Land zu einem der klassischen Ziele des Massentourismus mit Millionen Besuchern im Jahr.

Doch wer da in Nyali oder Diani am Strand lag, hatte selten eine Vorstellung davon, was sich auf örtlichen Polizeiwachen, in Distrikthauptquartieren und sogar mitten in der Hauptstadt Nairobi abspielte. Hoffnungsträger Moi verwandelte sich in einen Diktator. Kenia entwickelte sich zum Folterstaat. Das Symbol dafür wurde das Nyayo-Haus in der Innenstadt von Nairobi. Moi hatte den 24-stöckigen Verwaltungsbau bei Amtsantritt in Auftrag gegeben und 1983 feierlich eingeweiht. Bis heute muss jeder Kenianer, der einen Reisepass beantragen oder einen Gewerbeschein will, die Behörden im Nyayo-Haus aufsuchen. Der Bau verfügte über zwölf Folterzellen im Keller neben der Tiefgarage. Der Keller ist über einen eigenen Fahrstuhl zu erreichen. Die obersten Geschosse beherbergten die Verhörzimmer der Spezialpolizei.

„Unser Auschwitz" nennt der ehemalige Dissidentenführer und heutige Bauminister Raila Odinga das Nyayo-Haus. Zweimal wurde er mit verbundenen Augen im Nyayo-Haus eingeliefert und wusste nie genau, in welchem Gebäude und in welchem Stockwerk er sich befand. Nach Schätzungen der kenianischen Medien sind rund 2000 Menschen in dem markanten Klinkerbau gefoltert worden. Rund 500 Oppositionelle sollen infolge der Schläge, durch Aushungern und Krankheiten ihr Leben verloren haben. Mehrere Opfer wurden vom Dach gestoßen, ihr Tod wurde als Selbstmord deklariert. Die Zellen im Keller hatten entweder tiefschwarze oder blutrote Wände. Der Boden konnte mit eiskaltem oder kochend heißem Wasser geflutet werden. Nackt hockten die Häftlinge in ihren Exkrementen, mal war es stockfinster, mal brannte Dauerlicht, so dass den Insassen das Zeitgefühl verloren ging. Einige überlebten die Tortur mehr als 90 Tage.

Viele fanden sich mehr als einmal in den Zellen wieder, so auch der 55-jährige Regimekritiker Koigi wa Wamwere: „Mit gefesselten Händen konnte ich nur sitzen, mich aber nie auf den Boden legen. Der Ventilator blies kalte Luft herein, mein ganzer

Körper zitterte und meine Zähne klapperten unkontrollierbar ... Ohne Zugang zu einer Toilette konnte ich dem Ruf der Natur nicht widerstehen und war gezwungen, mich auf den Boden zu entleeren. In meinem ganzen Leben hätte ich nicht gedacht, dass ich so erniedrigt werden könnte." Der heutige Parlamentsabgeordnete hat kürzlich seine Biografie vorgelegt. „Ich weigere mich zu sterben", heißt das erschütternde Buch, es ist eines der eindringlichsten Zeugnisse der Menschenrechtsverletzungen in der Moi-Ära. Koigi wa Wamwere verbrachte die Hälfte seines Lebens entweder im Gefängnis oder im Exil. Er wurde entführt, überlebte Mordanschläge im Exil in Norwegen und wurde einer der bekanntesten politischen Gefangenen Afrikas. Als Sprecher der unterprivilegierten Waldbauern und Forstarbeiter in Nakuru wurde er 1979 ins Parlament gewählt. „Ein Kind, das nicht von seiner Mutter Brust trinkt, muss sterben", so wurde ihm seine Ermordung angedroht, sollte er sich nicht korrumpieren lassen und auf seine öffentliche Kritik an Moi verzichten. Seine Immunität als Abgeordneter nützte ihm wenig. Nach dem Putsch 1982 wurde er festgenommen, ins Kamiti-Hochsicherheitsgefängnis verlegt und erst nach mehr als zwei Jahren wieder freigelassen

Der Special Branch, der politische Arm der Kriminalpolizei, machte insbesondere seit Mitte der 80er Jahre Jagd auf kritische Intellektuelle. An den Universitäten wehrten sich Studierende und Dozenten gegen die zunehmende Vereinnahmung durch den KANU-Staat. Moi inszenierte einen Kult um seine Person, der dem Maos in China oder Mobutu Sese Sekos in Zaire kaum nachstand. Jeden Geldschein schmückte ein Moi-Porträt und jede Münze. In jedem noch so kleinen Büro und Laden musste sein Konterfei aufgehängt werden. Die Zahl der Straßen, Schulen und Plätze, die nach dem Präsidenten benannt wurden, geht in die Tausende. Die staatlich kontrollierten Medien berichteten nahezu ausschließlich über die Aktivitäten des Staatsoberhaupts. Jeder Kinovorführung ging das Abspielen der so genannten Moi-Rolle voraus, eine Wochenschau, die ausschließlich Moi gewidmet war. „Der Staat ist Moi", schrieb die Süddeutsche Zeitung noch im Jahr 2002, in Anspielung auf das berühmte Zitat des absolutistischen Sonnenkönigs Ludwig IV., „L'État, c'est moi." Da galt diese Regel seit 20 Jahren.

Er gründete die Luftwaffe neu, grenzte nach und nach alle Kikuyu-Politiker aus dem Machtzentrum aus und verbreitete die ethnische Basis seiner Diktatur, indem er mehr mit den Massai, Luhya und Kisii zusammenarbeitete. Moi ernannte und entließ Richter nach Belieben und kontrollierte den Justizapparat, die Ministerien und die Universitäten. Freie und geheime Wahlen schaffte er ab. Bei der Ausscheidung der Bewerber für einen Parlamentssitz mussten sich die Wähler am Wahltag hinter dem von ihnen bevorzugten KANU-Kandidaten aufstellen. All das geschah unter den wohlwollenden Augen der westlichen Welt, die in Moi einen treuen Verbündeten im Kampf der Blöcke sah. Konservative Journalisten in Nairobi, vor allem deutsche, beschönigten die Lage, weil sie in Moi das kleinere Übel sahen. Immerhin habe er Stabilität bewahrt und von sozialistischen Experimenten nach dem Vorbild Tansanias oder Äthiopiens abgesehen, verteidigen noch heute führende Afrikapolitiker im deutschen Auswärtigen Amt den Diktator, mit dem sich der damalige Bundeskanzler Helmut Kohl bestens verstand. Dass es 100 000 Binnenflüchtlinge im Land gab, was wohl kein Indiz für Stabilität ist, darüber wurde in Bonn und anderswo gern hinweggesehen.

Moi bestimmte auch darüber, wer dem staatlichen Rechnungswesen vorstand, und verfügte auf diese Weise nach Belieben über den Staatshaushalt und die Einnahmen der staatlichen Unternehmen. Inzwischen haben mehrere Zeugen, teils in öffentlichen Verfahren, bestätigt, dass Moi im State House, dem offiziellen Sitz des Präsidenten, über eine Kammer mit prall gefüllten Geldkoffern verfügte. Ob Stromerzeuger oder Zuckerfabriken – die Manager der öffentlichen Unternehmen hatten in regelmäßigen Abständen Bargeld bei Moi abzuliefern. Wenn er fünf Millionen Keniashilling bekam, bedienten sich manche Manager gleich mit 20 Millionen, was die Unternehmen ruinierte. Weder konnten sie ihre Verpflichtungen erfüllen noch in die Zukunft investieren. Die Infrastruktur des Landes wurde über Jahre zerstört. Ob Telefon, Eisenbahn oder Wasserversorgung – die Technik ist veraltet und schrottreif.

Moi wurde zu einem der reichsten Männer des Landes mit Beteiligungen an mehr als 30 Firmen. Schon sein Vorgänger Kenyatta hatte sich schamlos am öffentlichen Eigentum bereichert. Seine Familie zählt zu den 500 reichsten Familien der Welt mit einem Grundbesitz, der so groß sein soll wie ein Zehntel der Schweiz. Kenyatta allein ließ 50 000 Hektar Wald für seine Teefarmen annektieren. Von Staatschef Moi geschützte Unternehmer, und dazu sollen auch seine Kinder zählen, ließen sich von den Banken Milliardenkredite geben, die sie nicht zurückzahlten. Entsprechend stiegen die Bankzinsen, was für das Investitionsklima tödlich war, da sich kaum jemand mehr einen Kredit leisten konnte.

Die Journalistin Michaela Wrong hat am Beispiel Mobutu Sese Sekos in Zaire die innere Struktur einer Diktatur im multiethnischen Staat untersucht („In the Footsteps of Mr. Kurtz"). Ihre Erkenntnisse lassen sich auch auf Kenia übertragen. Dem Staatswesen lag keine verbindende Ideologie oder gar Ethik zu Grunde, sondern es funktionierte als Bündnis von Ethnien und Personen. Der Diktator ist in einem solchen labilen Konstrukt gezwungen, zur Wahrung seiner Macht auch seine Verbündeten von der Ausplünderung des Staates profitieren zu lassen. Darunter zu leiden hat die ganz normale Bevölkerung, der die meisten Dienstleistungen versagt bleiben, deren Unternehmen nicht wachsen können, die verarmt. Wachsende politische Unzufriedenheit ist die Folge. Der Diktator muss deshalb nach weiteren

Verbündeten Ausschau halten, die ihm helfen, das Volk unter Kontrolle zu halten, wofür er wiederum Geld braucht, unabhängig davon, ob er nun das Militär besser bezahlt und hinter sich bringt, oder einem Massaiführer die Einnahmen aus einem Reservat zuschanzt. Es ist ein destruktiver Kreislauf, eine Spirale, deren Spitze nach unten zeigt. Je weniger ein Land durch Industrie und Dienstleistungen verdient, desto stärker wächst in einem solchen System der Druck auf die wenigen Ressourcen, die vorhanden sind. In Kenia waren das vor allem die verbliebenen Waldflächen. Kenia hatte 1970 dieselbe Startposition wie etwa Singapur. Gemessen an Wirtschaftskraft und Lebensstandard liegen heute Welten zwischen diesen beiden Staaten.

Wangari Maathai glaubte 1981 noch, ebenso wie viele westliche Entwicklungshelfer, das System von innen heraus demokratisieren zu können: „Es ging darum, die KANU zu entmachten. Die Frage damals war, ob die Unterstützung der Pro-Demokratie-Bewegung ausreichen würde, die ethnische Spaltung zu überwinden." Kenias Politik sei auf zwei Faktoren ausgerichtet: Ethnizität und Persönlichkeit. „Das machte eine Einigung schwierig." Woran sich 20 Jahre nichts ändern sollte. Nachdem sie ihren Job an der Universität verloren hatte, wollte sie zu den kommenden Wahlen in ihrer Heimat im Wahlkreis Tetu für das Parlament kandidieren und sich von der KANU aufstellen lassen. Doch unter einem schwer nachvollziehbaren formellen Vorwand versagte ihr die KANU-Führung, auch nur zur Vorwahl anzutreten. Angeblich durfte sie in ihrer Heimat nicht antreten, weil sie dort als Wählerin nicht registriert war, sondern in Langata bei Nairobi. Dort hätte sie mit ihrem Ex-Mann um die Kandidatur ringen müssen, was offensichtlich eine zu abschreckende Vorstellung war. Außerdem hatte sie sich mit Hilfe des Green Belt Movement in Tetu eine gewisse politische Basis in der Bevölkerung erarbeitet, nicht in Langata.

Für ihre geplante Kandidatur hatte sie ihre Stelle an der Universität aufgeben müssen. Nachdem der Plan gescheitert war, bekam sie ihren Job am Veterinärdepartment nicht zurück und wurde arbeitslos. Geschieden. Drei Kinder. Kein Einkommen. Das waren harte Wochen für Wangari Maathai, bis sie sich selbst einen Job schuf, indem sie bei den UN um Unterstützung für das Green Belt Movement warb und sich selbst für ein kleines Salär als Koordinatorin einstellte. Wangari Maathai musste noch 20 Jahre lang warten, bis sie ins kenianische Parlament einziehen konnte. Vorerst konzentrierte sie sich notgedrungen auf ihre Aufgaben als Vorsitzende des Nationalen Frauenrates und Koordinatorin des Green Belt Movement.

„Diese Frau hat die Grenze überschritten"

Unangefochten wurde Wangari Maathai 1985 im Amt der Vorsitzenden des Frauenrates bestätigt. Sie kündigte bei ihrer Wiederwahl an, Ableger der Organisation im ganzen Land zu gründen. In den kleinen Räumen der Frauenorganisation wuchs ihr Green Belt Movement rapide. Wann immer der Frauenrat tagte, mussten die Mitarbeiter des Movements den Holzbau verlassen, was auf die Dauer unzumutbar war. Es kamen Besucher aus aller Welt. 250 Forsttrainer hatten ihre Basis in den Büros. Seit 1986 schulte das Movement in seiner pan-afrikanischen Initiative Interessenten aus ganz Afrika. Ende des Jahrzehnts gab es bereits 500 Green-Belt-Zentren in Kenia. Mehr als 25 000 Haushalte und rund 120 000 Menschen hatten von der Aufforstungsinitiative profitiert. Wangari Maathai hatte zumindest in Kenia einen Bekanntheitsgrad erreicht, der sonst allenfalls Politikergattinnen zukam. Ihrem Selbstbewusstsein dürfte der Erfolg einigen Auftrieb gegeben haben. Doch die bleierne Last der Unterdrückung verhinderte alle Ansätze, über die „harmlose Pflanzerei" hinaus in das politische Geschehen Kenias einzugreifen. Vorsichtig deutete sie ihre Kritik an der Übernahme öffentlicher Wälder durch Privatunternehmer an. „Wir sollten lernen, dass es gewisse Ressourcen gibt, die wir gemeinsam besitzen", rügte sie 1988 die von der Regierung geduldete, wenn nicht gar geförderte korrupte Landnahme.

Aus der vorsichtigen Kritik wurde im November 1989 eine Kampagne gegen die Regierung, die Wangari Maathais Leben verändern sollte wie kein Ereignis zuvor. Der Streit um einen Wolkenkratzer in der Innenstadt von Nairobi sollte die gesamte politische Kultur des Landes beeinflussen und Vorläufer sein für die anschließend nicht mehr zu bremsenden Initiativen der Zivilgesellschaft, die langfristig zur Liberalisierung und Demokratisierung des Landes führten. Am 24. November reichte Wangari Maathai beim Obersten Gerichtshof Klage ein gegen die Errichtung des Kenya Times Tower auf dem Gelände des Uhuru-Parks in der Innenstadt. Der Uhuru-Park ist die letzte verbliebene große Grünfläche im Inneren der Stadt. Er dient vielen, insbesondere ärmeren Kenianern als Ausflugsort. Er ist Teil der grünen Lunge der abgasverpesteten City, die sich rühmt, „die grüne Stadt in der Sonne" zu sein.

Da er am Rande der wichtigsten und meistbefahrenen Straße Ost- und Zentralafrikas liegt, die mitten durch Nairobi führt, ist der Uhurupark, der Freiheitspark, nicht gerade eine friedliche Idylle. Ausländern ist vom Besuch auch bei Tage dringend abzuraten, nachts ist der Park für jedermann eine No-Go-Zone, weil sich zu viele Kriminelle dort ihre Opfer suchen. Das benachbarte Serena-Hotel musste in besonders schlechten Zeiten Überfallopfern nahezu jeden Tag eine Taxifahrt ins Krankenhaus oder zur Polizeiwache zahlen. Doch waren die Zustände 1989 nicht so schlecht wie heute, und außerdem, argumentierte Wangari Maathai, sei der Park immer noch Teil des nationalen Kulturerbes. Es verstoße gegen das Gesetz, ihn zu bebauen, es verstoße zudem gegen die Interessen der Mehrheit der Kenianer. Auch der Architektenverband erhob Einwände gegen das geplante Monstrum, und bei den Zeitungen häuften sich die Briefe besorgter Bürger, die das geplante neue Hauptquartier der Einheitspartei KANU ablehnten.

Von Anfang an war der Times-Tower ein Prestigeobjekt der Regierung und ihrer Partei. Mit 62 Stockwerken sollte der Turm das höchste Gebäude Afrikas werden und ein Konferenzzentrum für 6000 Teilnehmer, ein Einkaufszentrum und exklusive Büros beherbergen. Als künstlerisches Beiwerk war daneben eine zehn Meter hohe Statue des Staatspräsidenten vorgesehen. Die Baukosten von rund 200 Millionen Dollar sollten sich die mit rund fünf Milliarden Dollar bereits überschuldete Regierung und der britische Medienmogul Robert Maxwell teilen. Die Errichtung hätte nicht nur die Baufläche selbst in Mitleidenschaft gezogen, sondern den gesamten Park. Die Ausschachtung für das Fundament hätte allen Grünflächen der Umgebung das Wasser abgegraben. Es war Größenwahn, der die Initiatoren dieses „weißen Elefanten" beflügelte. Nur waren sie Argumenten nicht zugänglich. Der Bauzaun stand, der Grundstein war in einer feierlichen Zeremonie bereits gelegt worden.

Nie hätte in jenen finsteren Jahren jemand damit gerechnet, dass eine einzelne Frau es wagen könnte, die allmächtige KANU-Clique, ja den Präsidenten selbst, herauszufordern. Es ging für alle Beteiligten um viel Geld, denn natürlich hätten Moi und seine Schergen von den Baufirmen „Provisionen" und ihren Anteil an allen zu erwartenden Einnahmen eingefordert. Es ging um das Prestige des Staatschefs. Es ging sehr bald darum zu zeigen, wer in Kenia Herr im Haus ist. „Diese Frau hat die Grenze überschritten!", zeterte Moi. „Sie hat wohl vergessen, dass nach afrikanischer Sitte die Frauen vor den Männern Respekt haben sollen."

Was der Klage Wangari Maathais folgte, war eine der übelsten Schmutz- und Verleumdungskampagnen in der Geschichte Kenias. Sie wurde von der Polizei aus ihrem Haus in South C gezerrt und verhört. Spitzenpolitiker, darunter ihr späterer vorgesetzter

Minister Kalonzo Musyoka, stellten ihre geistige Gesundheit in Frage, allen voran Moi selbst, der ihr vorwarf, sie habe ein „Insekt im Kopf". Weil sie die britische Botschaft um Vermittlung mit Investor Maxwell bat, wurde sie als Agentin der ehemaligen Kolonialmacht beschimpft. „Diese Frau kann gar nicht allein vorgehen, sie muss die Unterstützung irgendwelcher unbekannten Herren haben", erklärte Staatsminister Burudi Nabwera – denn wie könne eine einzelne Person eine ganze Regierung angreifen ohne Unterstützung aus „dunklen Kanälen"? Das Green Belt Movement sei eine Tarnorganisation, über die Ausländer „Geld für subversive Aktivitäten" ins Land schleusten, sagte Nabwera. Das Parlament nannte das Movement eine „Bande geschiedener und verantwortungsloser Frauen". „Bei den Dingen, über die wir hier reden, geht es um die Anatomie dessen, was oberhalb des Nackens liegt", wies die Anatomieprofessorin Maathai die sexistischen Anwürfe zurück und hatte damit die Lacher auf ihrer Seite. Moi-Spezi Nicholas Biwott sprach von „politischen Banditen". Der von der KANU gleichgeschaltete Frauenverband Maendeleo ya Wanawake mahnte, kenianische Frauen hätten gefälligst folgsam zu sein und ihren Männern nicht zu widersprechen. Die Vorsitzende Wilkista Onsando forderte die KANU auf, Wangari Maathai aus der Partei auszuschließen. „Ich kann mich aber gar nicht daran erinnern, da jemals Mitglied gewesen zu sein", sagt die Verfemte heute.

Wie zu erwarten, verwarf der High Court ihre Klage. Als Einzelperson habe sie kein Recht, gegen den Bau zu klagen, sagte der Richter bei der Urteilsverkündung am 11. Dezember. Auch ein Antrag auf Genehmigung eines Demonstrationszugs zur Baustelle wurde von den Behörden verworfen. Wangari Maathai kündigte weiteren Widerstand an. Was nun folgte, kann als typisches Beispiel dafür gelten, welche Schikanen die Regierung Moi unbotmäßigen Untertanen angedeihen ließ. Erst wurden die Räume der Organisation gekündigt, dann kündigte Vizeentwicklungsminister Wilberford Kisiero gar das Verbot des Movements an, da es sich „mangelnden Respekts der Regierung gegenüber" schuldig gemacht habe. Viele der weit über das Land verstreuten Werbeschilder des Green Belt Movement wurden zerstört. Die von Nicholas Biwott und von dem des Lesens und Schreibens weitgehend unkundigen Informationsminister Shariff Nassir instrumentalisierten Lohnschreiber der Weekly Review unter Chefredakteur Hilary Ng'weno verunglimpften die Aktivistin als staatsfeindliche Dissidentin. Ihre Lage wurde gefährlich, denn infolge solcher Anschuldigungen hatten schon viele Kenianer ihre Freiheit verloren und manche auch ihr Leben.

Das schäbige Vorgehen der Regierung erwies sich jedoch als Bumerang. Die Presse dokumentierte wie gewohnt artig jede offizielle Verlautbarung in dem Fall, so absurd die Äußerungen der KANU-Adepten auch sein mochten. Dadurch wurde wiederum die in Nairobi zahlreich vertretene Weltpresse auf den Fall aufmerksam. Weltbank und Gläubigerstaaten konnten die Times-Tower-Affäre kaum ignorieren und deuteten leichten Unmut darüber an, dass Kenia beabsichtige, sich für ein reines Prestigeprojekt weiter zu verschulden. Am Ende kam es zu einem Deal hinter den Kulissen. Dem Land würden Schulden erlassen, falls es auf den Times-Tower verzichtete, signalisierten die Geber. Moi lenkte ein. An einem frühen Sonntagmorgen im Februar 1992 – die Stadt war noch menschenleer – rissen Bauarbeiter der Stadtverwaltung den Wellblechbauzaun im Uhuru-Park wieder ab.

Beide Seiten lernten aus dieser Erfahrung. Moi wusste nun, er durfte die nunmehr weltbekannte Ökoaktivistin Wangari Maathai nicht unterschätzen. Maathai wusste, dass sie mit Unterstützung der Öffentlichkeit sogar dem KANU-Regime trotzen konnte. Sie entwickelte nach und nach eine eigene Strategie des gewaltfreien Protests. „Bei allem, was wir machten, achteten wir darauf, dass wir nicht das Gesetz brachen. Wenn wir uns im Rahmen der Gesetze bewegten, konnten wir immer noch verhaftet werden, aber nur um uns einzuschüchtern, ohne legale Grundlage." Das habe es ihren Freunden auf der Welt leichter gemacht, bei der Regierung für sie zu intervenieren, „und einige unserer Freunde waren extrem einflussreich."

Die Mütter der Freiheit

In der Folge legte Wangari Maathai jede Zurückhaltung ab, wenn es darum ging, das Moi-Regime zu kritisieren, und schaltete sich mehr und mehr in die politischen Debatten des Landes ein. Nach dem Ende des Kalten Krieges verlor Kenia die bedingungslose Unterstützung des Westens. Moi wurde gedrängt, Zugeständnisse zu machen und eine Demokratisierung des Landes zuzulassen. Zwei mysteriöse Todesfälle brachten sein Regime um den letzten Anschein von Rechtschaffenheit – und der Opposition massenhaft Zulauf. Im Februar 1990 wurde die Leiche des Außenministers Robert Ouko aufgefunden, der sich nach offizieller Lesart umgebracht haben soll. Im September starb der regimekritische anglikanische Bischof Kipsang Muge bei einem vermutlich inszenierten Verkehrsunfall. In beiden Fällen gab es zahlreiche Indizien, die auf politisch motivierten Mord hinwiesen.

Der damalige amerikanische Botschafter Smith Hempstone wies die Selbstmordtheorie im Fall Ouko empört zurück: „Um Selbstmord begangen zu haben, hätte Ouko sein eigenes Bein brechen müssen, dann beladen mit einem Kanister Sprit zwei Meilen auf dem guten Bein hüpfen, sich selbst in Brand setzen und zweimal in den Kopf schießen müssen." Hempstone hält es für plausibler, dass Ouko womöglich dabei war, einige schwere Fälle von Korruption aufzudecken und deshalb von Moi selbst und seinem getreuen Kalenjin-Freund Biwott aus dem Weg geräumt wurde: „Jemand – die meisten Berichte sagen, es war Biwott – zog eine Pistole aus der Tasche und schoss Ouko vor den Augen von Moi zweimal in den Kopf." Hempstones autobiografischer Bericht „Rogue Ambassador" (etwa: Wild gewordener Botschafter) steht in Kenia bis heute auf dem Index verbotener Bücher. Wer es dennoch verkauft, macht sich strafbar.

Politische Morde haben Tradition in Kenia, und noch nie wurde ein Fall aufgeklärt. Die Aufklärungsrate aller Mordfälle bewegt sich insgesamt nur im Bereich von wenigen Prozenten. Wangari Maathai wusste, dass der Präsident Frauen nicht wirklich ernst nahm. Aber sie konnte nie wissen, wie lange ihre Gegner sich davon abhalten lassen würden, sie umzubringen. Wenn selbst amtierende Minister unter dubiosen Umständen starben, dann konnte sie selbst sich auch nicht mehr sicher fühlen.

Das Regime gab sich bis zu seiner Ablösung Ende 2002 alle erdenkliche Mühe, die streitbare Professorin nach Kräften einzuschüchtern. „Sie können dich umbringen", warnten ihre Freunde sie immer wieder. „Ja, das können sie, aber du kannst dich nicht konzentrieren, wenn du nur daran denkst, welchen Schaden sie anrichten können. Vergiss die Gefahr einfach", erwiderte sie. Doch ist ihr das keineswegs immer gelungen. Als im Januar 1992 mit Gewehren bewaffnete Polizisten ihr Haus belagerten, um sie festzunehmen, verbarrikadierte sie die Eingänge. Nach ein paar Tagen brachen die Häscher durchs Fenster ein und schleppten sie zur Einschüchterung mit ins Gefängnis.

Sie wurde zu Hause bespitzelt, sie wurde auf der Straße verfolgt. Der Abgeordnete Paul Chepkok drohte ihr, sie werde nach alter Sitte der Kalenjin zwangsweise beschnitten, sollte sie sich in seinen Wahlkreis wagen. Die Verstümmelung der weiblichen Genitalien ist in Kenia weit verbreitet. Trotz eines 2002 erlassenen Verbots wird dieser Übergangsritus von den meisten Ethnien beibehalten. Bei jeder Festnahme, bei jedem Tränengasangriff und jeder körperlichen Attacke der Polizei wusste Wangari Maathai nie genau, wie weit die so genannten Sicherheitskräfte gehen würden.

Die Angst machte sie einsam. Es war nicht so sehr ihre eigene Angst, aber die ihrer Freunde und Unterstützer. „Ich habe Freunde verloren, die Angst haben, mit mir in Verbindung gebracht zu werden", klagte sie der taz-Journalistin Bettina Gaus einmal ihr Leid. „Manchmal fühle ich mich einsam." Immer wieder wandten sich Menschen von ihr ab, weil ihnen der Umgang mit Wangari Maathai zu gefährlich wurde. Für ihren Arzt, Don Gikunyo, für ihren Anwalt Pharoze Nawrojee und ihren Mitstreiter Davinder Lamba vom Umweltinstitut „Mozingira" stellte die Treue zu der Aktivistin ein lebengefährliches Risiko dar, dennoch haben sie sie nie im Stich gelassen. Ihre beste Freunde, darunter der Apotheker John Makanga, wurden festgenommen und schikaniert, um sie zu erpressen. Makangas Filialen wurden geschlossen. Er sollte wirtschaftlich ruiniert werden. „Den Kampf um den Times-Tower, den hat sie ganz allein bestritten", erinnert sich Makanga. Warum er nicht mitgeholfen habe? „Man kann nicht alle Generäle zur selben Zeit ins Feuer schicken", unkt der Dissident, der nur sehr ungern an die frühen 90er Jahre zurückdenkt. Umgekehrt war Wangari Maathai immer die Erste und oft auch die Einzige, die den Opfern des Staatsterrors Unterstützung anbot. Unter dem Vorwand, sie habe sich in die inneren Angelegenheiten Kenias eingemischt, wurde die Repräsentantin der FDP-nahen Friedrich-Naumann-Stiftung, Dorothee von Brentano, 1992 ausgewiesen. Am nächsten Tag schon besuchte Wangari Maathai die Deutsche und bot ihr Hilfe an.

Moi musste 1991 auf Druck der Geberländer das Mehrparteiensystem wieder zulassen und viele der lieb gewordenen diktatorischen Vollmachten abgeben. Die ersten Mehrparteienwahlen 1992 waren für die KANU eine ernste Herausforderung, denn die Unzufriedenheit der Bevölkerung mit dem korrupten Regime wuchs zusehends. Doch noch immer traute sich niemand, der Moi-Clique öffentlich die Stirn zu bieten, da er nach wie vor seine Soldateska gegen Kritiker einsetzte.

Wieder war es Wangari Maathai, die die Zivilgesellschaft zu ihrem zweiten großen Sieg über das Moi-Regime führte. Sie war im Januar 1992 nach der Festnahme in ihrem Haus und einigen Nächten auf dem kalten Boden einer Gefängniszelle akut an Rheumatismus erkrankt. Sie erholte sich gerade im Nairobi-Hospital, als die Mutter von Koigi wa Wamwere zu Besuch kam und um ihre Unterstützung bat. Koigi war von Mois Schergen in Uganda gekidnappt worden und saß ohne Prozess und Urteil bereits zwei Jahre in Haft. Seine Mutter Monica Wangu hatte von dem Ouko-Mord gehört und fürchtete um das Leben ihres Sohnes. Sie fuhr von Nakuru nach Nairobi und bat Kirchenvertreter und Zeitungsleute um Unterstützung. Doch niemand traute sich, ihr offen Hilfe anzubieten. Moralische Unterstützung ja, mehr nicht.

Wangu gründete mit anderen Müttern politischer Gefangener die Gruppe Release Political Prisoners (Lasst die politischen Gefangenen frei). Sie schrieben einen Brief an den Generalstaatsanwalt Amos Wako, in dem sie die Freilassung von 52 Gefangenen forderten. Wangu erzählte Wangari Maathai von ihrem Plan, in Hungerstreik zu treten, um ihren Sohn freizupressen. In einem Winkel des Uhuru-Parks montierten sie ein Transparent mit den Worten „Freedom Corner" und kampierten dort, ohne etwas zu essen. Die Green-Belt-Chefin schloss sich ihnen an. Ein Unterstützer spendete den Frauen ein Zeltdach; er wurde dafür später dafür erschossen, glaubt Koigi wa Wamwere.

Nach fünf Tagen entschied sich die Polizei zum Eingreifen. Am Nachmittag gegen 16 Uhr flogen die ersten Tränengas-Granaten ins Zelt und traf Wangari Maathai am Kopf. Zwei weitere Granaten landeten vor ihren Füßen. Dann hieb ihr ein Beamter mit einem Schlagstock auf den Kopf. Bewusstlos brach sie zusammen. Wieder wurde sie in die Klinik eingeliefert. Die hilflosen Mütter verfielen auf einen Protest, wie ihn das postkoloniale Kenia noch nicht gesehen hatte: Sie zogen sich aus. Nackt stellen sie sich den Polizisten entgegen. Das ist der schlimmste Fluch, den eine alte Kikuyufrau über einen jungen Mann verhängen kann. Doch die Schläger fielen mit Knüppeln über die 14 wehrlosen Frauen her, verfrachteten die Gruppe in Lastwagen und fuhren sie hinaus aufs Land. Sie sollten nicht wieder nach Nairobi zurückkehren, wurden die Mütter ermahnt. Doch am nächsten Tag waren sie wieder da.

Kaum aus der Klinik entlassen, schloss sich die noch immer arg geschwächte Professorin erneut den demonstrierenden Müttern an. Diesmal hatte sie die Presse im Schlepptau, die den Müttern weltweit Schlagzeilen bescherte. Die „Freedom Corner" im Uhuru-Park wurde inzwischen sogar im staatlichen Fernsehen „Ecke der Freiheit" genannt und heißt heute noch so. Die meisten der Mütter waren Analphabetinnen und sprachen nur Kikuyu, kein Englisch. So fungierte die Professorin als Pressesprecherin und Vermittlerin zwischen den Müttern und der Öffentlichkeit. „Das Wichtigste war damals, dass wir den leidenden und schweigenden Folteropfern eine Stimme gaben. Als wir die ‚Ecke der Freiheit' gründeten, begannen die Menschen zum ersten Mal offen über die Folterzellen im Nyayo-Haus zu sprechen.", sagt Wangari Maathai. Nach den Wahlen 1992 wurden die Katakomben des Nyayo-Hauses nie mehr benutzt, sagt der kenianische Opferverband „Menschen gegen Folter". Unter dem Druck der Weltöffentlichkeit verbargen sich die Folterer mit ihren Opfern in entlegeneren Gefängnissen.

Die „Mütter der Freiheit" zogen sich in jenem März 1992 in die katholische All Saints Kathedrale zurück, um vor Polizeiübergriffen etwas sicherer zu sein. „Wir haben nichts gegessen und eine Woche lang die Tore nicht aufgemacht", erinnert sich Koigis Mutter Monica Wangu. „Wangari hat immer gesagt: ‚Habt keine Angst und lasst euch nicht nach Hause schicken.'" Moi wurde nervös und ließ den Müttern eine Einladung ins State House zustellen. Doch Wangu lehnte ab. „Mit solchen Tricks hat er schon andere Mütter überlistet." Selbst Nelson Mandela habe es abgelehnt, in Kenia mit Moi zusammenzutreffen. „Warum sollte ich ihn dann besuchen?", sagt die Greisin.

Hinter den Kulissen erhöhten westliche Botschafter wie der US-Amerikaner Smith Hempstone und der Deutsche Bernd Mützelburg den Druck auf Moi. Das Land sollte im selben Jahr freie Wahlen abhalten, was kaum Sinn machte, solange Spitzenvertreter der Opposition im Gefängnis saßen. Immer mehr Menschen sicherten den Müttern der „Freedom Corner" ihre Unterstützung zu. Es gab Hungermärsche von Nakuru nach Nairobi. Die Opposition sicherte sich Sympathien, indem sie die Freilassung der politischen Gefangenen für den Fall ihres Wahlsieges in Aussicht stellte. Doch die KANU und Moi gewannen die Wahlen im Dezember. Koigi wa Wamwere und seine Mitgefangenen mussten noch ein weiteres Neujahrsfest in Haft verbringen. Mutter Wangu fürchtete, Moi würde nach seinem Wahlsieg erst recht seinem Zorn freien Lauf und Koigi hängen lassen. Doch im Frühjahr öffneten sich die Gefängnistore auch für ihn. Der Protest der Mütter hatte sich ausgezahlt. Nachdem Norwegen die Wiederentsendung seines Hilfswerks Norad nach Kenia zugesichert hatte, gab Moi nach. „Das hat er nun davon", freute sich Koigi wa Wamwere, als er vom Nobelpreis für seine Unterstützerin Wangari Maathai erfuhr. „Ohne Moi hätte sie den Nobelpreis nie bekommen. Wo das Böse herrscht, kommt das Gute besser zur Geltung."

Wangari Maathai spielt ihre persönliche Rolle in diesen gefährlichen Konflikten mit dem Moi-Regime gern herab: „Ich lege allergrößten Wert darauf, ‚wir' zu sagen. Ich denke nie an mich allein. Das, was ich mache, unternehme ich ja immer mit einer Gruppe von Leuten."

„Genug ist genug" – Vermittlerin zwischen den Fronten

Auch wenn sie sich immer auf eine Gruppe bezieht, wenn sie von ihren Aktivitäten spricht, so war es doch oft Wangari Maathai allein, die vorpreschte, Ideen vortrug, Gruppen an einem Tisch zusammenbrachte und sich mit scharfen Attacken gegen die Regierung den repressiven Maßnahmen des Establishments aussetzte. Das blieb so bis zum Machtwechsel 2002.

Vor den ersten Mehrparteienwahlen 1992 gründete die Professorin die „Middle Ground Group". Mit dieser Initiative versuchte sie, die zerstrittene Opposition auf einen oder allenfalls zwei Kandidaten für die Präsidentschaftswahl einzuschwören. Dafür sammelte sie sogar Unterschriften in der Moi-Avenue. Ihr getreuer Freund John Makanga gehörte zu dieser Gruppe, aber auch ihr alter Studienkollege aus Deutschland, Edward Oyugi. Der Psychologieprofessor war gerade aus der politischen Haft entlassen worden und bekam seine Stelle an der University of Nairobi nicht zurück. „Ich hatte keine Arbeit und versuchte, irgendwo Fuß zu fassen", berichtet Oyugi. Dass die Opposition ausgerechnet vor den ersten freien Wahlen nach 25 Jahren gespalten war, tat dem politisch geschulten Dozenten in der Seele weh. Deswegen engagierte er sich in der Middle Ground Group. Man traf sich – wo sonst? – im Haus der Professorin Maathai in South C. Außer Hotelfoyers galt alles andere als zu gefährlich für die Gastgeber. Wangari Maathai, so dachten wohl ihre Freunde, ist den Behörden schon hinreichend bekannt und hat nichts mehr zu verlieren. „Da gab es alle möglichen Treffen von allen möglichen Initiativen", erinnert sich John Makanga. Was es nicht gab, war Bier. Nur Kekse und Tee standen auf dem Tisch. Der Trunksucht, der viele kenianische Politiker verfallen sind, wollte Wangari Maathai keinen Vorschub leisten.

Sie selbst unterstützte das Forum zur Wiederherstellung der Demokratie (FORD-Kenya), das mit Oginga Odinga um die

Spitzenposition im Staat kämpfte. Beim Gründungskongress hielt sie eine der Hauptreden und kündigte an, im Falle eines Wahlsieges auch Verantwortung übernehmen zu wollen. Doch nun forderte die KANU-treue Jugendumweltbewegung ein Verbot ihres Green Belt Movement. Sie missbrauche die Bewegung, um sich zur ersten Präsidentin Kenias aufzuschwingen, und kaufe sich die Unterstützung der internationalen Presse, um bei den Gebern mehr Geld für sich selbst einzutreiben. Sie sei der schlimmste Feind der Umweltschützer in Kenia, verbreitete die Jugendgruppe über Wangari Maathai. Wenig später machten einige ihrer eigenen Green-Belt-Mitarbeiter Schlagzeilen und beschwerten sich über schlechte Bezahlung, zu kleine Büroräume und mangelnden Zugang zum einzigen Telefon in den Privaträumen Wangari Maathais. Außerdem verlangten sie, Tee und Zucker serviert zu bekommen. Die in der Presse breitgetretenen Vorwürfe waren der Versuch, die Professorin mit Hilfe der korrupten Gewerkschaft zu diskreditieren, welche den Angestellten falsche Versprechungen gemacht hatte. „Die glauben wohl, ich hätte jede Menge Geld und könnte all ihre Bedürfnisse erfüllen", wehrte Maathai die Vorhaltungen ab, „das ist leider völlig falsch."

Eine weitere Schikane war der Versuch der Regierung, sie an der Teilnahme am Weltumweltgipfel 1992 in Rio de Janeiro zu hindern. Wegen eines laufenden Gerichtsverfahrens durfte sie das Land nicht verlassen. Sie legte dagegen vor Gericht Widerspruch ein und durfte ausfliegen. Von ihrem Einstieg in die Parteipolitik ließ sich Wangari Maathai durch die Kampagne jedoch nicht abbringen. Anlässlich von „inter-party-prayers", einer parteiübergreifenden Gebetsstunde in der All Saints Kathedrale, sagte sie: „Genug ist genug." Jetzt sei die Zeit gekommen, Moi abzuwählen, der eine „diktatorische Regierung" anführe.

Eine Absplitterung ihrer Partei, FORD-Asili, trat mit dem Tourismusunternehmer Kenneth Matiba zur Wahl an. Mwai Kibaki, Wahlsieger von 2002, warb damals für seine Demokratische Partei. Als langjährige und profilierte Vertreterin der Nichtregierungsorganisationen in Kenia fühlte Maathai sich berufen, die alten Männer an einen Tisch zu zwingen. Doch der Versuch scheiterte kläglich. Aus Eitelkeit und falschem Stolz und aus dem Gefühl heraus, jeweils nur ihren eigenen Unterstützern verpflichtet zu sein, wollten die Anführer der Opposition ihre jeweilige Maximalforderung nicht aufgeben. „Es fehlt im Lager der Oppositionsparteien ganz einfach am klaren Blick der Ökologin und Aktivistin Wangari Maathai, die genau erkannt hat, dass eine fragmentierte Opposition ihr Ziel verfehlen wird", schrieb der Korrespondent der Süddeutschen Zeitung, Stefan Klein, fünf Wochen vor dem Urnengang. Mit dem Gerücht, Maathaai wolle selbst Präsidentin werden, verwirrte die regierungstreue Presse die Wähler. Die Opposition verlor die Wahl. Weder konnte sie eine KANU-Mehrheit im Parlament verhindern noch die Wiederwahl von Daniel arap Moi.

Weltbank und Gläubigerstaaten hatten 1991 eine Kreditsperre gegen Kenia verhängt, um einen politischen Kurswechsel zu erzwingen. Doch Moi und seine Mitstreiter wollten der Opposition nicht das Feld überlassen. Sie holten zum Gegenschlag aus: Der von Moi eingesetzte Chef der Wahlkommission, Richter Chesoni, verkürzte die Meldefristen der Kandidaten zum Nachteil der schlecht organisierten Opposition. Maathai kannte Chesoni schon von ihrem Scheidungskrieg her und hatte ihn als denkbar korrupt in Erinnerung. Eine Million Jungwähler bekamen keine Wahlscheine, was ebenfalls der Opposition zum Nachteil gereicht haben dürfte, da sie auf die Stimmen der Jungen hoffte. Die staatlich kontrollierten, elektronischen Medien ergingen sich in Hofberichterstattung und nahmen außer der KANU nichts wahr. Die Genehmigung öffentlicher Kundgebungen blieb ebenfalls weitgehend der KANU vorbehalten. Selbst eine einige Opposition hätte es unter diesen unfairen Bedingungen schwer gehabt zu gewinnen.

Verheerend aber für den Wahlkampf, die Stimmung im Land und die Chance von Odinga und Co. waren die blutigen ethnischen Konflikte, die 1991 ausgebrochen waren. Im Rift Valley vertrieben Kalenjin und Massai mit Speeren und Pfeilen die zugewanderten Bewohner, die anderen Ethnien angehörten, zumeist Kikuyus. An der Küste waren meist Luos die Opfer, so auch in Western Kenya. Bis 1994 waren 1500 Tote zu beklagen und 250 000 Vertriebene. Vor den Wahlen 1997 wiederholten sich diese Exzesse, so dass wieder 100 000 Menschen eine neue Bleibe suchen mussten. Wangari Maathai war schockiert. Niemand hätte sich träumen lassen, dass die Gewalt solche Dimensionen annehmen könnte. „Ich sehe, dass ihre Häuser niedergebrannt sind. Ich sehe, dass ihre Kinder nicht zur Schule gehen. Ich höre, man hat ihnen gesagt, sie müssten zurück ins Land ihrer Vorfahren. Das ist falsch. Die Politiker müssen gestoppt werden", sagte sie in einem Interview 1993. Es gilt als erwiesen, dass die Regierung und führende KANU-Funktionäre diese „Zusammenstöße" maßgeblich inszenierten. „Wenn sie keiner stoppt, werde ich sie stoppen", kündigte Maathai an. Moi hatte das Mehrparteiensystem immer mit dem Argument abgelehnt, es würde die Zersplitterung des Landes und Bürgerkrieg zur Folge haben. Die tödlichen Zusammenstöße legte er als Beweis für seine These aus und konnte sich umso besser als Vater der Einheit aufspielen. Außerdem gelang es der KANU unter dem Deckmantel des „ethnischen Konflikts", den eigenen Anhängern Land zuzuschanzen und kritische Wähler aus strategisch wichtigen Wahlkreisen zu vertreiben. Wer keinen Wohnsitz hat, kann auch nicht wählen.

Wangari Maathai durchschaute beizeiten, wer die Fäden hinter den vermeintlichen Stammesfehden zog. Sie veröffentlichte Anfang 1993 ein Flugblatt, in dem sie vor somalischen Verhältnissen warnte und vor der schrittweisen Einführung einer Militärdiktatur zum Nachteil aller Nicht-Kalenjin. Die Angreifer würden ihre importierten Pfeile sogar mit Regierungsfahrzeugen geliefert bekommen, schrieb Maathai in einem Flugblatt. Sie rief zum Dialog zwischen der KANU und den Oppositionsführern auf, um die Krise beizulegen. Doch nun brach ein Propagandagewitter der Regierung über sie herein. Die KANU-eigene Kenya Times verdächtigte sie des Tribalismus, sie strebe die Alleinherrschaft der Kikuyus an und schüre noch die Konflikte, warf das Blatt ihr vor. Eine christliche Frauenorganisation, von der zuvor nie jemand gehört hatte, kreidete ihr in der Kenya Times mangelnde Achtung vor der Regierung an. Eine Intellektuelle zu sein, reiche nicht aus, „das Wichtigste ist, dass du gehorchen musst", werden die Frauen zitiert. Moi selbst stellte sie bei einer Rede im Stadion von Nakuru an den Pranger und bezichtigte sie, die Fehden mit ihren Flugblättern anzuheizen. Nichtregierungsorganisationen würden heimlich Waffen aus Somalia einschmuggeln und in die Konfliktgebiete liefern, sagte Moi, ohne Namen zu nennen.

Die Professorin wies die Unterstellungen in einem offenen Brief an den Präsidenten zurück und bat die internationale Presse um Hilfe für ihren Freund John Makanga, der von der Polizei entführt und verschleppt worden sei. „Ich fürchte auch um mein Leben", gestand sie Journalisten des britischen Independent. Denn schon bald nach der Wahl hatte Moi die Repressionsmaschinerie wieder angeworfen. Maathai selbst war nach seinem Wahlsieg die erste, die im Januar 1993 aus politischen Gründen verhaftet worden war. Makanga, Maathai und andere gründeten eine Initiative, die sich um die Wiederansiedlung der vielen zehntausend Vertriebenen kümmern sollte, die nach den Überfällen aus ihren Dörfern geflüchtet waren. Doch auch diese Gruppe wurde als Tarnorganisation beschimpft, die nur dazu diene, unter dem Vorwand humanitärer Hilfe im Ausland Geld für Frau Maathai zu beschaffen.

Einige Monate später kam es in Wien zum Eklat, weil gewalttätige Anhänger des Massai-Führers William ole Ntimama eine Fotoausstellung Wangari Maathais zum Thema „Rift-Valley-Konflikte" zerstören wollten. Sie nahm dort an der Weltkonferenz zu Menschenrechtsfragen teil. Ole Ntimama vertrat die Regierung, die Schläger gehörten zu seiner Entourage.

Mit dem Nationalen Kirchenrat, der Dachorganisation der Kirchen in Kenia, hatte sich Wangari Maathai einen einflussreichen Verbündeten gesucht. Sie organisierte Seminare für die Vertriebenen, um mit ihnen darüber zu reden, wie es weitergehen solle, und überlegte mit ihnen, wie sie mehr Aufmerksamkeit der Öffentlichkeit bekommen könnten. Immer wieder versuchte die Polizei, diese Veranstaltungen zu unterbinden. Selbst dem diplomatischen Vertreter der Niederlande, Martin Koper, untersagten die Beamten am 1. April 1993, in der Königskirche in Nakuru an Maathais Seminar teilzunehmen. Er ließ sich jedoch nicht abweisen und warnte die kenianischen Behörden öffentlich: Man mache sich in den Niederlanden große Sorgen um die Sicherheit der Professorin.

Der lange Weg zum Sieg

Wangari Maathai war angewidert von der Politik in ihrem Land, vor allem von der Egozentrik der zerstrittenen Oppositionsführer. Die meisten seien „eingefleischte Opportunisten, die ausschließlich ihre eigenen Interessen verfolgen", befand sie und konzentrierte sich wieder stärker auf ihr Green Belt Movement. Manchmal fanden ihre Mitarbeiter sie nach einer schlaflosen Nacht morgens noch am Schreibtisch über den Akten vor, mit geröteten Augen. Ihre Nominierung für eine Parlamentskandidatur hatte sie 1992 zugunsten ihres Mitstreiters Paul Muite zurückgezogen. Ihre Haltung gegenüber der Politik blieb sehr widersprüchlich. Einerseits befand sie gegenüber Bettina Gaus: „Politik lässt sich nicht von unserem Alltagsleben trennen. Wir werden bestimmt durch politische Beschlüsse, die von anderen gemacht werden." Also sei es besser, selbst einzugreifen. Dann wieder verkündete sie, dass sie als politischer Mensch niemals Politikerin werden könnte, jedenfalls nicht in Kenia, wo die ethnische Zugehörigkeit und das Ausbalancieren der Ethnien den Rahmen der Politik so eng stecken, dass für Sachfragen kaum mehr Spielraum bleibt.

Gleichwohl trat sie 1997 erneut in die parteipolitische Arena ein, diesmal als Spitzenkandidatin der Liberalen Partei. Wieder hatte es die Opposition nicht vermocht, sich auf einen Präsidentschaftskandidaten zu einigen, diesmal gab es 15. Statt dreier großer regierungskritischer Parteien wie 1992 traten sechs an. In keiner der großen Parteien hätte Wangari Maathai die Nominierung für eine sichere Kandidatur für das Parlament erreichen können. Sie glaubte aber, ihren zehntausenden Anhängern, die sie über das Green Belt Movement und ihre Menschenrechtsarbeit gewonnen hatte, die Vertretung im Parlament schuldig zu sein. Die größten Aussichten, so hatte sie sich ausgerechnet, würde sie in ihrem Heimatwahlkreis Tetu im Distrikt Nyeri haben. Tetu galt als benachteiligter Wahlkreis, dessen Entwicklung stagnierte, vor allem weil das Gebiet im Krieg gegen die Kolonialisten am meisten zu leiden hatte. Mau-Mau-Führer Dedan Kimathi war in Tetu geboren worden, es war einer der Brennpunkte im Unabhängigkeitskrieg. Wangari Maathai – soviel hatte sich bis Tetu herumgesprochen – stand für die Rechte der Frauen ein und kannte die Probleme der Menschen. Jedermann wusste zudem: Die Frau ist nicht korrupt. „Tatsächlich hat noch nie im Leben jemand auch nur versucht, mich zu bestechen", wundert sie sich heute rückblickend.

Ihr Wahlergebnis war jedoch beschämend. Sie kam auf nur 905 von 27 223 abgegebenen Stimmen, bloß 3,32 Prozent. Als Präsidentschaftskandidatin, so hatte sie gehofft, würde sie mehr Aufmerksamkeit auf sich ziehen und mehr Stimmen gewinnen können. Doch das staatliche Radio hatte am Morgen der Wahl verkündet, die Professorin habe ihre Kandidatur zurückgezogen. Diesen Trick macht sie für ihr schlechtes Abschneiden verantwortlich. Doch diese Überlegung greift zu kurz. Im Nyeri-Distrikt, sagt ihr Gegenkandidat Peter Wachira Muchemi, kann man gegen Mwai Kibaki nicht gewinnen. Muchemi trat damals für die Sozialdemokraten in Tetu an und kam auf bloß 95 Stimmen. Kibakis Parteifreunde aus der Demokratischen Partei erzielten in Nyeri hingegen in der Regel Ergebnisse von 90 Prozent an aufwärts.

Kibaki, der heutige Präsident, ist ein überaus brillanter Kopf, der seit Jahrzehnten in Kenias Politik eine führende Rolle spielt. Schon in den 70er Jahren glaubten viele internationale Beobachter, dass er der Nachfolger Kenyattas oder später Mois werden könnte. Er war Finanzminister und dann Vizepräsident, bis der Kalenjin Moi alle Kikuyus, die ihm das Wasser reichen konnten, aus seinem Umfeld entfernte. Kibaki hatte die DP Anfang der 90er Jahre gegründet, und der Nyeri-Distrikt war seine Hochburg, in der niemand ohne seinen Willen politisch bestehen kann. Wangari Maathai hatte ihn unter- und sich selbst überschätzt. Die Gesellschaft war 1997 noch nicht so weit fortgeschritten, einer prominenten Dissidentin den Vorrang zu geben vor einem Vertrauten des mächtigen Kibaki. Die Menschen richten ihre Hoffnungen in den allermeisten Fällen auf den wahrscheinlichen Sieger, weil der am Ende mehr für ihre Region tun kann als irgendwelche Hinterbänkler oder gar Verlierer. Tatsächlich erwarten die Wahlbürger direkte finanzielle Gegenleistungen von ihrem Abgeordneten und bombardieren ihn mit Bettelbriefen und Anfragen auch in ganz persönlichen Angelegenheiten. Kaum ein Parlamentarier kann sich diesem Druck entziehen, weswegen viele von ihnen hoch verschuldet sind, obwohl ihre Bezüge höher sind als etwa die eines deutschen Bundestagsabgeordneten. Kibaki ist steinreich, das spricht für ihn. „Ich habe kein Geld", musste dagegen Wangari Maathai mehrfach einräumen.

Wieder zog sich die Professorin nach der schmerzlichen Niederlage zurück und konzentrierte sich auf ihre Aufgabe im Green Belt Movement. Mit den neuen Räumen, verbesserter finanzieller Ausstattung und einer prominenten Koordinatorin war das Movement ein wichtiger Faktor in Kenias öffentlichem Leben geworden. Gegen die Abholzung und den fortgesetzten Landraub konnte Wangari Maathai jedoch kaum etwas tun. Es ist schwer, in den ländlichen Gegenden Kenias politische Proteste zu organisieren, die dem Kartell von Sägewerken, Politikern und Forstbeamten Paroli bieten könnten. Aus dem fernen Nairobi stammende Reisedemonstranten konnten nicht über Wochen Waldflächen blockieren. Die ortsansässige Bevölkerung wiederum hatte Angst vor Repressalien der Regierungsorgane und wenig Erfahrung in der Organisation politischen Protests. Erschwerend hinzu kam der mangelnde öffentliche Widerhall solcher Aktionen. Was nicht in Nairobi stattfindet, findet für die lokalen wie internationalen Medien meist gar nicht statt. Was dem Green Belt Movement fehlte, war ein Symbol wie der 1992 zu Fall gebrachte Times Tower, ein Aktionsfeld in Nairobi selbst, wo das GBM in 30 Jahren keine 100 000 Bäume hatte pflanzen können.

Dem Aktionsbedürfnis der Öko-Aktivisten kam die unermessliche Gier einiger hoch gestellter Persönlichkeiten in Kenia entgegen. Diese versuchten, sich ausgerechnet an Nairobis letztem Wald zu vergreifen, dem Karura-Wald. Pikanterweise lagen die heimlich zur Bebauung freigegebenen Flächen, rund 80 Hektar, direkt neben dem Grundstück des UN-Umweltprogramms UNEP im Stadtteil Gigiri. „Diese Dreistigkeit hat uns wirklich überrascht", erinnert sich Maathais Freund John Makanga. Das Ansinnen wäre vergleichbar mit dem Plan einer Baufirma, in Hamburg einen Teil der Alster zu bebauen oder in Berlin den Tiergarten.

Der Karura-Wald ist der letzte zusammenhängende Grüngürtel Nairobis. Er schlängelt sich entlang der Flusstäler und grenzt an die besseren Wohngebiete der Stadt. Deswegen bietet er Grundstücksspekulanten auch besonders lukratives Bauland. Ein Haus im Wald, mitten in der Hauptstadt, mit Blick ins grüne Tal – das lässt die Herzen der Bauherren höher schlagen, zumal die Immobilienpreise in solch bevorzugten Gegenden Nairobis europäisches Niveau erreicht haben. Inzwischen wünschen sich viele Anwohner des Karura-Waldes, er würde abgeholzt und nachts eine mit Flutlicht angestrahlte Wüste sein. Denn allnächtlich dringen Räuberbanden aus dem Wald in die benachbarten Häuser ein, rauben, vergewaltigten und töten. Dann ziehen sie sich in den Wald zurück. Die Polizei tut nichts. Aber natürlich hoffen alle, die Verhältnisse würden sich irgendwann einmal bessern, so dass sie ohne Furcht von ihren eingemauerten Grundstücken aus die Reste des üppigen Waldes bewundern können.

Für das Green Belt Movement war die Abholzung des Karura-Waldes jedenfalls nicht hinnehmbar. Der Wald ist öffentliches Eigentum. In ganz Nairobi wirbt das Movement mit großen Schautafeln für sein Motto „Stop landgrabbing" – unterbindet den Landraub, verhindert den Diebstahl öffentlichen Eigentums! Nun wollte Wangari Maathai ihren Anspruch in die Tat umsetzen. Die Mission „Karura Forest" wurde ihr Meisterstück, ein Lehrstück für die Organisation zivilen Ungehorsams unter gefährlichen politischen Bedingungen. Sie vereinte kenianische Aktivisten, Umweltschützer aus aller Welt, die Vereinten Nationen und die Weltpresse, um dieses kleine Stück Wald zu schützen. Das UN-Umweltprogramm protestierte bereits im Oktober 1998 gegen den Waldfrevel in seiner Nachbarschaft. Diesmal konnte die Regierung nicht die Presse zur Diskriminierung der Gegner einsetzen, denn Mois Familie selbst soll in den schmutzigen Landdeal in der Hauptstadt verwickelt gewesen sein. Einige

Quellen deuten darauf hin, dass das kostbare Grundstück 1994 unter anderem einer seiner Töchter überschrieben wurde, ohne gesetzliche Grundlage, ohne öffentliche Ausschreibung. Heimlich, still und leise ging der Deal vonstatten. Die Baupläne konnten aber nur verborgen bleiben, bis 1998 die Bulldozer anrückten und ein Bauzaun errichtet wurde.

Nach einer ersten Demonstration gerieten einige der Baufahrzeuge sowie die Hütte der Bauleitung in Brand. Bis heute ist unklar, wer die Brände gelegt hat, doch machte die Regierung sofort Wangari Maathai und ihr Green Belt Movement dafür verantwortlich. Minister Shariff Nassir warnte vor einem Flächenbrand und „zivilen Unruhen", sollte der Protest nicht aufhören. Umweltminister Francis Nyenze erklärte lapidar, die wachsende Bevölkerung Nairobis brauche nun mal Ausweichflächen. Warum nicht im Karura-Wald? Und eine parlamentarische Anfrage nach den Hintermännern und rechtmäßigen Eigentümern der Waldstücke wurde einfach nicht beantwortet. Ein paar Tage nach dem Brand kehrte Wangari Maathai am 17. Oktober 1998 mit ihren Unterstützern in den Wald zurück. Beth Mugo, heute Ministerin, war dabei, ebenso der Abgeordnete Paul Muite sowie Journalisten. Doch diesmal war der Baugrund abgeriegelt. Polizisten stellten sich den Aktivisten in den Weg und beriefen sich auf ein Gerichtsurteil, wonach Demonstrationen an jenem Ort untersagt seien. Erst wenn die Brandstifter der Vorwoche gefunden und Maathai von jedem Verdacht frei sei, dann könne sie wieder in den Wald gehen. „Bis dahin ist der Karura-Wald eine Wüste", spottete Beth Mugo. Sie warnte die Beamten, sie liefen Gefahr, ihre Jobs zu verlieren, wenn die Opposition erst einmal an der Macht sei. „Ihr macht hier Geschichte, wenn Ihr einmal aufhört, eure illegalen Befehle zu befolgen", ermunterte Paul Muite die Polizisten zum Abzug. „Kümmert euch lieber um die Leute, die den Wald illegal in ihren Besitz gebracht haben, kümmert euch um die Landräuber!", rief Wangari Maathai. Sie machte sich Sorgen um die 1500 Setzlinge, die sie in der Woche vor der Demonstration in den Wald gebracht hatte. „Was soll daran falsch sein, Bäume zu pflanzen?" Bald fingen die Demonstranten auch noch an zu singen: „Tukira Karura thiinie kuhanda miti", wir kamen nach Karura, um Bäume zu pflanzen. „Ihr bringt durcheinander, wer hier ein Verbrechen begeht", sagte Maathai zu den Polizisten. „Wir haben keine Gewehre und wir verbrennen heute auch nichts", sagte ein anderer Demonstrant. Die Polizisten hatten bald keine Lust mehr, mit den aufsässigen Waldliebhabern zu diskutieren, und drohten mit dem Einsatz von Gewalt. Die GBM-Gruppe zog daraufhin ab und pflanzte symbolisch außerhalb der besetzten Fläche ein Bäumchen.

Die Beharrlichkeit und Geduld, mit der die Green-Belt-Aktivisten sich den von ihrer Führung missbrauchten Polizisten entgegenstellten, ist beachtlich. Über wie viele Jahre hatte Wangari Maathai sich den Büttelne Mois entgegengestellt? Nie gab sie auf. Immer wieder marschierte das Movement in den Wald, manchmal in Begleitung großer, internationaler Delegationen. Sie pflanzten Bäume oder wässerten solche, die sie schon gepflanzt hatten. Der Karura-Wald wurde ein Dauerbrenner. Doch wieder unterschätzten ihre Gegner die streitbare Professorin. Und die unterschätzte offenbar die Gewaltbereitschaft ihrer Gegenspieler. Als sie am 8. Januar 1999, einem Freitag wieder einmal mit ihren Freunden auf das Baugrundstück im Karura-Forest vordringen wollte, stellte sich ihr eine Gruppe von behelmten, mit Pfeil und Bogen bewaffneten Wachleuten entgegen, die vorgaben, sie seien vom Bauherren zum Schutz der Baustelle eingestellt worden. Es waren jedoch auch Polizisten darunter. Drei Stunden lang debattierten die Widersacher, dann gaben die Umweltschützer auf. Als sie sich zurückzogen, um am Rand des Waldes erneut einen Baum zu pflanzen, wurden sie von den „Wachleuten" mit Peitschen, Knüppeln und Steinen attackiert. Ein Hieb traf Wangari Maathai am Kopf, blutüberströmt musste sie in die Notaufnahme des Krankenhauses gebracht werden. Die Anwesenheit der ausländischen Journalisten bremste die ungezügelte Wut der prügelnden Wachmänner keineswegs. Sie demolierten auch noch die Fahrzeuge der Demonstranten, darunter eines der BBC.

Die Attacke erwies sich als Eigentor. Schon am nächsten Tag gab Wangari Maathai wieder Interviews und sagte, sie würde sich notfalls umbringen lassen, aber die Bebauung des Karura-Waldes würde sie verhindern. Für das international ohnehin vollkommen diskreditierte Moi-Regime wurde der Angriff auf die Professorin zu einer höchst schädlichen Affäre. Die amerikanische Botschafterin Prudence Bushnell verdammte die Attacke ebenso wie UNEP-Chef Klaus Töpfer und zahlreiche Abgeordnete des Parlaments. Die Zeitungen berichteten ganz- und mehrseitig über den Karura-Skandal. Nach drei Tagen meldete sich sogar UN-Generalsekretär Kofi Annan und forderte die Strafverfolgung der Angreifer. Wangari Maathai gehörte zu seinem speziellen Ratgebergremium, das sich mit Fragen der Abrüstung beschäftigte.

Der Fall Karura wurde auf ganzer Linie ein Triumph für Kenias grüne Bewegung. Die ausgebrannten Baufahrzeuge sind dort heute noch zu bestaunen. Sie rosten vor sich hin inmitten des wieder heranwachsenden Waldes. Einige Spekulanten, die für den Kauf einzelner Grundstücke viel Geld bezahlt hatten, verbuchten schwere Verluste und wurden erbitterte Feinde Maathais. Doch in der Bevölkerung wuchs ihr Ansehen. Erneut hatte sie der Moi-Clique ihre Grenzen aufgezeigt. Der wachsenden Zivilgesellschaft in Kenia, von Menschenrechtsaktivisten bis zu Frauengruppen und den politisch immer aktiver werdenden Kirchen, bescherte sie Auftrieb.

In der gleichen Zeit verbuchte das Green Belt Movement weitere Erfolge, die zwar weniger schlagzeilenträchtig, aber für das Leben in der Hauptstadt umso wichtiger waren. Dazu zählt etwa die Verhinderung der Bebauung des City-Parks neben dem Aga-Khan-Hospitals. Ein weiterer Investor zog seine Pläne für eine Tiefgarage in der Innenstadt zurück. Sie sollte unter dem letzten innerstädtischen Gartengrundstück errichtet werden, „doch das haben wir nicht zugelassen", erinnert sich Wangari Maathai an ihren zweiten großen Sieg des Jahres 1999.

Der Wind der Veränderung gewann in den Jahren um die Jahrtausendwende an Kraft. Kenia war wirtschaftlich am Ende, so der vorherrschende Eindruck. Die Weltbank und andere Geber hatten den Geldhahn zugedreht. Die Bevölkerung verarmte und wurde immer unzufriedener. Daniel arap Moi versuchte gegen Ende seiner dritten und letzten Amtszeit den Zerfall der KANU noch einmal zu stoppen. Er holte den Luo-Führer Raila Odinga in seine Regierung, um der KANU für die 2002 bevorstehenden Wahlen die Stimmen der Luos zu sichern und die Opposition zu schwächen. Doch der Sohn des verstorbenen Oginga Odinga ließ das Bündnis kurz vor den Wahlen platzen. „Wir wollen nicht mit Moi untergehen", jammerten daraufhin altgediente KANU-Minister bei einem Essen mit einem deutschen Diplomaten. Ohne Rücksprache zu halten, hatte Moi ihnen Uhuru Kenyatta als Präsidentschaftskandidaten der KANU vorgesetzt. Der Sohn des Staatsgründers sollte den Machtverlust noch einmal verhindern. „Der ist schon reich, der wird nicht so korrupt sein" – das sprach in den Augen vieler Kenianer für Uhuru. Als Kikuyu könnte er die der KANU abtrünnig gewordenen Stammesbrüder ins Boot zurückholen, hoffte Moi. Er setzte außerdem darauf, dass die Opposition es erneut nicht schaffen würde, einen gemeinsamen Präsidentschaftskandidaten aufzustellen.

Doch diesmal nahmen die KANU-Gegner Vernunft an, auch wenn es dazu einiger Anstrengungen bedurfte. Ausländische Berater redeten auf die egomanen Politgrößen ein „wie auf kranke

Pferde", berichtet der Vertreter einer deutschen Stiftung. Hinter den Kulissen warben einflussreiche Gruppen der Zivilgesellschaft für das Projekt „Opposition Unity", Einheit der Opposition. Auch das Green Belt Movement warb unter seinen Anhängern dafür, die ethnischen Barrieren zu überwinden und sich hinter einen Oppositionskandidaten zu stellen. Nachdem Mois Umweltminister Nyenze 1991 ein Zehntel der verbliebenen Waldflächen zum Abholzen freigegeben hatte, standen dem Movement schwere Kämpfe bevor. Es bestand kaum eine Chance, den Wald gegen die alte KANU-Garde erfolgreich zu verteidigen, weil diese ja gerade durch die Vergabe der Flächen ihre Günstlinge bei der Stange zu halten suchte.

Unter dem Dach der National Rainbow Coalition (NARC) formierte sich dann im Wahljahr endlich eine einheitliche Opposition, die – zumindest bis zu den Wahlen – 15 Parteien integrierte. Mwai Kibaki wurde Präsidentschaftskandidat. Raila Odinga sollte nach der Verfassungsreform das neu zu schaffende Amt des Premierministers erhalten. Wangari Maathai überlegte sehr lange, was sie diesmal tun sollte. Erst zehn Tage vor der Nominierung der Kandidaten der NARC meldete sie als Einzelperson ohne Parteizugehörigkeit in ihrem Heimatwahlkreis Tetu ihren Anspruch auf einen Parlamentssitz an. Doch war sie dort eine krasse Außenseiterin. Tetu wurde inzwischen von dem langjährigen Kibaki-Freund Peter Muchemi beansprucht, der zur Demokratischen Partei übergetreten war. Muchemi war der Favorit. Er war lange Jahre Kibakis persönlicher Anwalt und enger Vertrauter gewesen. Er sollte ins Parlament einziehen und im Fall eines Wahlsieges mit einen Ministerium belohnt werden. Doch zur Überraschung des ganzen Landes gewann Außenseiterin Wangari Maathai auf dem Nominierungsparteitag die meisten Stimmen und wurde NARCs Kandidatin für Tetu. Die Frauen hatten fast einstimmig für sie votiert. Kibaki und Muchemi unterdrückten ihren Ärger, unterstützten sie schließlich und warben dafür, ihr am 27. Dezember die Stimme zu geben. Sie blieb nahezu ohne Gegenstimme und holte in Tetu fast 100 Prozent der Stimmen für die NARC. Die Kandidatur der landesweit bekannten Moi-Gegnerin war ein wichtiges Signal für die Frauen und Umweltschützer: Mit der NARC würden sich die Dinge ändern.

Die NARC gewann zwei Drittel der Parlamentssitze. Kibaki wurde mit nahezu zwei Dritteln der Stimmen zum Präsidenten gewählt. Am 30. Dezember 2002 hatte Kenia eine neue Regierung. Dafür hatte auch Wangari Maathai über zwei Jahrzehnte lang gekämpft. „Wir waren euphorisch", erinnert sie sich an jene Tage des Machtwechsels, „es war eine echte Aufbruchstimmung." Der friedliche Übergang in Kenia galt weltweit als beispielgebend, ein Vorbild für ganz Afrika war es, wo Diktatoren wie Simbabwes Robert Mugabe oder Togos Gnassingbé Eyadema auch nach Jahrzehnten noch an der Macht kleben und ihre Untertanen terrorisieren. Demokratie ist machbar, auch in Afrika – dafür stand Kenia im Jahr 2002.

6. Gezähmt und kaltgestellt
Vizeministerin im „Neuen Kenia"

Wie ist das, wenn eine engagierte Frau plötzlich von der Staatsfeindin zur Staatsdienerin wird? Wenn sie vom Straßenkampf und aus den Gefängnissen ins Ministerbüro im 6. Stock versetzt wird? Auf dem Schreibtisch steht der Staatswimpel, und in den unteren Stockwerken warten hunderte Bedienstete auf Anweisungen? Ein erhebendes Gefühl war es, gewiss, doch Wangari Maathai wirkte entgegen ihrer sonst so fröhlichen Art nicht gerade euphorisch, als sie im Januar 2003 die Hand auf die Bibel legte und sich als Vize-Ministerin für Umweltschutz und natürliche Ressourcen einschwören ließ. „Worauf lasse ich mich da ein?", schien sie zu denken. Sie hatte in ihrem Wahlkreis 98 Prozent der Stimmen bekommen, und wichtiger noch, sie hatte dafür gesorgt, dass Mwai Kibaki und seine Regenbogenkoalition die Stimmen der Umweltschützer gewonnen hatten. Nun wurde sie mit dem Amt einer Stellvertreterin abgespeist, zudem unter einem Minister, der von der Materie sehr wenig verstand, denn der Mediziner war als gesundheitspolitischer Sprecher der Opposition eigentlich für das Amt des Gesundheitsministers vorgesehen gewesen. Doch an Stelle von Newton Kulundu bekam Maathais Mitstreiterin Charity Ngilu das mächtige Gesundheitsressort.

Der ehrgeizige Kulundu wurde also Chef im Maji-Haus, dem Haus des Wassers, so heißt der Sitz des Umweltministeriums auf einer Anhöhe oberhalb der City von Nairobi. Beim Thema Wasser hatte der Ressortchef jedoch wenig mitzureden, denn das unterstand wiederum einem anderen Ministerium. Das Thema Umwelt blieb wie zu Mois Zeiten aufgeteilt auf einen ganzen Strauß von Ministerien: Die drei Ressorts für Umwelt, Wasser und Land hatten im engeren Sinne mit dem Umweltschutz zu tun, aber auch das Innenministerium, der Minister für Viehzucht, der für Tourismus und das Wirtschaftsressort – es war ein einziges Chaos. Und das blieb es. Kulundu reklamierte die führende Rolle in dem nicht enden wollenden Kompetenzgerangel für sich, aber er machte sich nur lächerlich.

Gern ließ er sich von Pressefotografen neben einem neuen Auto oder einem gespendeten Flugzeug für den Kenya Wildlife Service (KWS) ablichten. Doch als es wirklich darauf ankam, versagte der Minister. Nach dem erneuten Terrorangriff im November 2002 bei Mombasa sanken die Touristenzahlen, auch in den Nationalparks. In der Folge gingen dem KWS die operativen Mittel aus. Diese Einnahmen sollten aber die laufenden Ausgaben für Sprit, Fahrzeugreparaturen und Überwachungsflüge decken. Für den Schutz der von Wilderern bedrohten Arten ist eine regelmäßige Überwachung der riesigen Parks unerlässlich. Sie wurde eingeschränkt oder fiel ganz aus. Minister Kulundu hatte es versäumt, bei den Haushaltsberatungen 2003 einen Notzuschuss für den KWS zu beantragen. Aktuelle Zahlen legt die Regierung seit langem nicht mehr vor, aber es ist ein offenes Geheimnis, dass die Wilderei in Kenia wieder auf dem Vormarsch ist und dass der Bushmeat-Handel, das Geschäft mit dem Fleisch geschützter Arten, die Antilopenbestände dezimiert. Von Wangari Maathai war zu diesem Thema nichts zu hören. Das für den Tourismus wichtige und emotionsgeladene Thema Wildtierschutz war die Sache ihres Chefs.

Erst als Kibaki Mitte 2004 die Losung ausgab, wild gewordene Elefanten nahe von Wohnsiedlungen einfach abzuschießen, und Wildhüter des KWS auf den Kadavern fürs Zeitungsfoto posierten, da erhob sie ihre Stimme. Für die Elefanten. Seit Jahrzehnten hatte es solche Fotos in Kenia nicht mehr gegeben. Verirrte Elefanten wurden in der Regel von den Wildhütern mit Hilfe von Hubschraubern in ihre Reservate zurückgetrieben.

Oder betäubt und verladen. Doch fehlt es dem KWS am Geld für solche kostspieligen Aktivitäten. Abknallen ist die billigere Lösung. Und populär. Viele Kenianer haben kein Verständnis dafür, dass große Teile ihres überbevölkerten Landes den wilden Tieren und Touristen vorbehalten bleiben. Jedes Jahr sterben zig Menschen bei den so genannten Mensch-Tier-Zusammenstößen. Vor allem die Flusspferde fordern Opfer, aber auch die Elefanten. Wenn sie einen Bauern tottrampeln, erhält dessen Familie umgerechnet rund 300 Euro Entschädigung. Das empfinden viele Kenianer zu Recht als Hohn.

Bei der Kabinettsaufstellung bemühte sich Kibaki vor allem darum, Getreue zu belohnen und die Macht ethnisch wenigstens einigermaßen ausgewogen zu verteilen. Die Qualifikation war nicht entscheidend. Auch eine Kabinettsumbildung brachte im Jahr 2004 keine Fortschritte. Im Gegenteil. Kenia gehört zu den 30 ärmsten Ländern der Welt, leistet sich aber den Luxus eines der größten Kabinette Afrikas. Es sind insgesamt 66 Regierungsmitglieder, die anfänglich zum Teil noch nicht einmal wussten, wo ihr Büro lag, geschweige denn, was sie zu tun hatten. Es ist nicht genau bekannt warum, aber Kibaki ließ 2004 ohne Not Mitglieder der korrupten KANU-Clique in seine „Regierung der nationalen Einheit" eintreten. Kibaki hatte zwei Drittel der Wählerstimmen gegen die KANU gewonnen. Für dieses Entgegenkommen gegenüber der KANU fehlte den meisten seiner Wähler das Verständnis. Sie fühlten sich verraten.

Wangari Maathai hatte gehofft, im Zuge der Regierungsumbildung zur Ministerin ernannt zu werden: „Ich hätte gern mehr Einfluss", sagte sie im April 2004; und wurde wieder einmal enttäuscht. Ihr neuer Chef wurde einer ihrer ehemaligen Erzfeinde, Kalonzo Musyoka. Der langjährige Moi-Adept war zuvor Außenminister gewesen. Er hatte sich um Fortschritte in den Sudan- und Somalia-Friedensverhandlungen bemüht, die beide in

Kenia abgehalten wurden. Doch wenn es um die Zusammenarbeit mit dem UNO-Umweltprogramm UNEP ging, glänzte Musyoka durch Ignoranz. Auf insgesamt neun Briefe der Vereinten Nationen in Nairobi, die Kenias wichtigster Devisenbringer sind und sich über die grassierende Kriminalität beschweren wollten, reagierte Außenminister Musyoka nicht ein einziges Mal.

Da Kibaki selbst infolge mehrerer Schlaganfälle lange Zeit sehr wenig selbst auftreten und eingreifen konnte, übernahm die so genannte Mount-Kenya-Mafia die Macht, seine engsten Mitspieler, meist Kikuyus aus der Mount-Kenya-Gegend. Der Sicherheitsminister Chris Murungaru gehört zu diesem berüchtigten Kreis, ein Tierzuchtexperte, der nicht aufhört, über Reisewarnungen des Westens zu lamentieren, es aber in zwei Jahren nicht zu Stande gebracht hat, die Sicherheitsstandards auf Kenias Flughäfen internationalen Standards anzupassen. Auf dem Wilson-Airport in Nairobi flogen im Oktober 2004 vermeintliche Putzmittel in die Luft und zerlegten ganze Gebäude. Die ansonsten angeblich harmlosen Chemikalien kamen zufällig aus dem Bürgerkriegsland Somalia. Nein, um Waffen habe es sich ganz bestimmt nicht gehandelt, schwor ein Regierungssprecher Stein und Bein. Kaum jemand glaubte ihm. Die Regierung Kibaki hatte ihre Glaubwürdigkeit nach nicht einmal zwei Jahren weitgehend verspielt. Wangari Maathai wird von vielen als eines der Feigenblätter dieser Regierung angesehen, ein international renommiertes Aushängeschild, das belegen soll: Seht doch, wir sind für den Umweltschutz.

Ein weiteres solches Feigenblatt ist John Githongo. Der ehemalige Chef des Antikorruptionsvereins „Transparency International" wurde Staatssekretär im Büro des Präsidenten. Dort ist er zuständig für Ethik und gute Regierungsführung, sprich: Er soll die Korruption eindämmen. Das war das wichtigste Versprechen der Regierung Kibaki, es ist die Grundvoraussetzung für internationale Hilfe. Nur wenn Staatshaushalt und öffentliche Unternehmen nicht weiter ausgeplündert werden, hat Kenia eine Chance auf Entwicklung. John Githongo ist groß und stark wie ein Bär und will sich nicht unterkriegen lassen. Aber auch er hat erkannt: „Die Korruption schlägt zurück."

Der Krake lebt: Korruption unter Kibaki

Die Anfänge ließen hoffen. Korrupte Polizisten, die wie gewohnt die Sammeltaxis abkassieren wollten, sahen sich im „Neuen Kenia" plötzlich Angriffen der Passagiere ausgesetzt. Nahezu die Hälfte der Richter des Landes wurde vom Dienst suspendiert, weil sie korrupt gewesen sein sollen. Einer der Perücke tragenden Würdenträger war bei der Annahme von Schmiergeld gefilmt worden. Für Summen zwischen 500 und 10 000 Euro konnte man den High Court dazu bewegen, sogar eine Mordanklage unter den Tisch fallen zu lassen. „Warum soll ich Geld für einen Anwalt ausgeben, wenn ich mir auch einen Richter leisten kann", war früher ein geflügeltes Wort in Kenia. „Die Regierung muss niemanden mehr umbringen. Sie kann Kritiker mit Hilfe der Justiz zum Schweigen bringen", antwortete Transparency-Chef Githongo 2001 auf die Frage, warum er eigentlich noch am Leben sei. Vorbei die Zeit.

Minister, Parlamentarier und öffentliche Bedienstete mussten 2003 ihre Vermögensverhältnisse einer Kommission offen legen. Straßenbauminister Raila Odinga ließ Bulldozer über illegal akquirierte Ländereien fahren, die eigentlich als Reserven für den Straßenbau vorgesehen waren. Dabei wurden zahlreiche Villen, die dort errichtet worden waren, zertrümmert. Untersuchungskommissionen wurden eingerichtet, sei es für das Justizwesen, die illegale Landvergabe oder für den Goldenbergskandal um fingierte Gold- und Diamantenexporte. Und anders als früher lieferten sie auch zum vorgegebenen Termin Ergebnisse. Mit John Githongo im Zentrum der Macht war es nicht mehr so einfach wie früher, die Mauscheleien vor den Augen der Öffentlichkeit zu verbergen. Githongo arbeitet im State House, er speist regelmäßig mit dem Präsidenten zu Mittag. „Wenn ich keinen direkten Zugang zu Kibaki mehr habe, dann höre ich auf", sagt Kenias „Meister Proper". Doch hat die Mount-Kenya-Mafia bereits versucht, den lästigen Aufpasser – ohne Kibakis Einverständnis – bei der Kabinettsumbildung 2004 dem Justizminister zu unterstellen und damit zu entmachten. Der Präsident tobte, und es gab wütende Proteste insbesondere der internationalen Geber. Der Plan wurde zurückgezogen, doch die sich häufenden Berichte über neue Korruptionsfälle belegen Githongos große Sorge: „Der Krake lebt."

Githongo hatte sich bei Amtsantritt zwei Jahre Zeit gegeben. Danach müsse das inzestuöse Verhältnis von Politik, Bürokratie und Wirtschaft zerschlagen sein, andernfalls bestehe die Gefahr, dass sich neue Netzwerke zum Plündern bildeten. Inzwischen bittet Githongo um etwas mehr Geduld und zeigt sich überrascht, wie schnell immer neue Verdachtsfälle seinen Schreibtisch erreichen. Sie alle aufzulisten, würde ein Buch füllen. Bezeichnend jedoch war der anrüchige Deal mit einer britischen Firma namens „Anglo-Leasing". Sie sollte der kenianischen Regierung für 34 Millionen Dollar ein fälschungssicheres Passsystem liefern und bekam dafür einen Vorschuss. Eine dubiose „Kommissionsgebühr" von 1,3 Millionen Dollar floss nach Kenia zurück, man könnte es entweder als Schmiergeld für die Auftragsvergabe bezeichnen oder Geldwäsche nennen. Bis heute ist unbekannt, ob nicht sogar kenianische Regierungsmitglieder hinter „Anglo-Leasing" stecken. Ob und wo es diese Firma gibt, ist nicht geklärt. Geliefert wurde jedenfalls nichts.

Der britische Botschafter Edward Clay verlor angesichts der sich häufenden Skandale die Contenance. Kibakis Regierung sei „eine Bande von Vielfraßen", die sich so voll stopften, „dass sie uns anschließend auf die Schuhe kotzen." Clay glaubt, dass Kenia unter Kibaki in nur einem Jahr 150 Millionen Dollar entzogen wurden. Daniel arap Moi kam Schätzungen zufolge in 24 Jahren auf rund eine Milliarde Dollar, die zum Nachteil der Not leidenden Bevölkerung unterschlagen, veruntreut und geplündert wurden. Das hohe Tempo, das die neuen korrupten Netzwerke vorlegten, ist zu erklären: Keiner weiß, wie lange der sieche Kibaki noch am Leben bleibt. Deshalb, so sagen die Kritiker, versuchten manche seiner Günstlinge, so schnell wie möglich die eigenen Taschen zu füllen, bevor der Zugang zu Macht und Geldtöpfen wieder versperrt ist. Ein wichtiger Unterschied zur Moi-Ära – das muss man anerkennen und das macht Hoffnung – ist, dass auch kleinere Skandale sehr schnell ans Licht der Öffentlichkeit kamen. Gleichwohl blieb der Verdacht der Korruption eine schwere Hypothek für die kenianische Regierung und ihre Mitglieder: Wangari Maathai „gehört einer zweifelhaften Regierung an", schrieb die Frankfurter Allgemeine Zeitung. Darunter litt kaum jemand mehr als Wangari Maathai.

Wo bleiben die Erfolge?

Aus Maathais Kampf für Kenias Wälder musste zwangsläufig auch ein Kampf gegen die Korruption werden. Die Vergabe von Land, darunter hochwertige Waldflächen, war das Schmiermittel im korrupten Staatsgefüge Daniel arap Mois. Noch im Vorfeld der Wahlen hatte sein Umweltminister Francis Nyenze 78 000 Hektar Wald zum Abholzen frei gegeben, ein Zehntel der verbliebenen Wälder Kenias. Sein Kabinettskollege Nicholas Biwott wollte dem Mausoleum für seine Mutter vier Quadratkilometer des Kaptagat-Walds opfern, eine vergleichsweise kleine Fläche. Das Beispiel ist jedoch bezeichnend dafür, wie rücksichtslos die Nomenklatura im „alten Kenia" mit den unersetzlichen natürlichen Ressourcen umging. Eines der wichtigsten

Wahlkampfversprechen der Umweltschützer im NARC-Team war die Rücknahme der Nyenze-Entscheidung. Doch ist mehr als anderthalb Jahre lang nichts in dieser Richtung geschehen. „Es ist die größte Enttäuschung meines Lebens", sagte ein UN-Waldexperte. Ein anderes Mitglied der „Kenianischen Arbeitsgruppe Wald", einem Gremium aus Nichtregierungs-Organisationen, Forstbeamten und Ministerialen, nannte Wangari Maathai einen „Totalausfall". Die früher so aktive Umweltschützein war als Vizeministerin sehr still geworden. Um der Zerstörung des Mau-Komplexes einen Riegel vorzuschieben, berief Minister Musyoka ein Treffen aller „Stakeholder" ein, alle Abteilungsleiter seines Ministeriums waren anwesend. Nur Wangari Maathai nicht. „Ich werde unterwandert", klagte sie.

Als Anzeichen von Fortschritt während ihrer Amtszeit konnte die vorläufige Suspendierung von nahezu 900 Wald-Offizieren gelten. Wegen des Verdachts der Korruption mussten sie sich neu um ihre Stellen bewerben. Überraschenderweise haben bis auf rund 30 von ihnen alle ihre Stellen wieder bekommen – ein Signal, dass illegales Abholzen und krumme Geschäfte mit Sägewerken auch weiterhin kaum geahndet werden.

Wirkliche Fortschritte sind am Mount Kenya gemacht worden, wo sich das dichte Blätterdach über den Brachen im Schutzgebiet wieder schließt. Das belegen so genannte Landsicht-Satellitenaufnahmen der NASA. Doch ist es nicht der hochwertige Camphor- und Rosenholzwald, der dort wieder heranwächst, sondern nur die kleineren Pionierarten, Buschwerk, dem in 30 bis 200 Jahren der ursprüngliche Bewuchs folgen mag. Die Erfolge am Mount Kenya gelten als Werk des zuständigen Oberaufsehers, Bongo Woodley. Was Kenia dort gewinnt, verliert es im Mau-Komplex, dem mit 400 000 Hektar größten zusammenhängenden Waldgebiet seiner Art in Afrika. Pro Jahr, das ergaben die Satellitenstudien, verliert Kenia weiterhin rund 2000 Hektar dichten Waldbewuchses, und daran hat auch Wangari Maathai im Amt einer Vizeministerin für Umweltschutz nichts ändern können. Eine Veröffentlichung des so genannten Ndungu-Berichts über illegale Landverteilung unter Kenyatta und Moi konnte sie nicht erreichen. Außenstehende vermuten, dass zu viele der derzeitigen Amtsträger in dem Bericht als Begünstigte genannt sind.

Rücktrittsgedanken

Maathai geriet angesichts des Entscheidungsstaus in der Umweltschutzpolitik in den eigenen Reihen unter Beschuss. „Warum schweigen Sie, Frau Maathai?", wurde sie Anfang 2004 gefragt. Selbst den Rücktritt legten ihre Getreuen ihr nahe, denn als Kabinettsmitglied war sie für die nichtstaatliche Umweltschutzbewegung verloren, und als Vizeministerin konnte sie nichts bewegen: Kibaki hatte ihr die „Terms of Reference" vorenthalten, die Entscheidungsbefugnis. Sie durfte nichts entscheiden, ohne ihren Minister zu konsultieren. Sie durfte noch nicht einmal Parlamentsausschüsse besuchen und informieren ohne Plazet des Ministers. Sie war machtloser als jeder gewöhnliche Abgeordnete und saß in einem Ministerium, in dem viele ihrer Untergebenen Angst hatten, auf Grund von Verfehlungen in der Vergangenheit ihren Job zu verlieren. Das erhöhte nicht gerade die Qualität der Zusammenarbeit im Ministerium, das ohnehin schon von der technischen Ausstattung her kaum geeignet ist, moderne Umweltpolitik zu organisieren. „Ja, warum trete ich nicht zurück?", sinnierte die Vizeministerin. Die Antwort ist einfach: aus Solidarität mit Mwai Kibaki. Sie hat in seinem Nachbarwahlkreis für ihn gekämpft. Ihr Rücktritt wäre eine schallende Ohrfeige für den Präsidenten, dem sie sich verpflichtet fühlt. „Wissen Sie, ich will, dass die neue Regierung als Team auftritt", sagt sie. Es nütze dem Land nicht, wenn die Regierungsmitglieder einander öffentlich kritisierten. Hinter den Kulissen, das bestätigen hochrangige Regierungsmitglieder ebenso wie Abgeordnete, hat sie sehr wohl für ihre Ziele gekämpft. Im Juni 2004 bedrängte eine Gruppe von Vizeministern den Präsidenten, ihnen doch mehr Kompetenzen einzuräumen. Kibaki hörte sich die Vorschläge an und entsprach dem Wunsch.

Als propagandistisches Eigentor der Politikerin erwies sich ihr Vorschlag, Tote künftig in Plastiksärgen zu bestatten. Täglich sterben in Kenia zwischen 500 und 700 Menschen allein an Aids, und Särge sind ein wichtiges Holzprodukt. Um den kostbaren Rohstoff Holz zu sparen, regte die Vizeministerin an, Särge aus recyceltem Kunststoff zu verwenden. Eine sehr gute Idee. Doch die Vorstellung, ihre Lieben in einer Mischung aus gebrauchten Plastiktüten und verschrotteten Plastikschalen der Marke „Kenpoly" zu bestatten, ist für die meisten Kenianer eine Zumutung. Für den Verstorbenen ist nur das Beste gut genug, denken alle, die sich das leisten können. Die andern denken genauso und verschulden sich über Generationen, nur um eine großes, würdiges Bestattungsfest abhalten zu können.

Nachhaltigen Schaden nahm Wangari Maathais internationale Reputation, als sie in der Öffentlichkeit ihre Thesen zur Herkunft der Aidsseuche in die Welt. Sie sagte, Aids sei von „teuflischen, westlichen" Wissenschaftlern entwickelt worden, „als biologische Waffe, um die Schwarzen auszurotten". Noch im August 2004 hat sie diese längst widerlegte Behauptung vor lokalen Aidsberatern vorgetragen. Ihr Versuch, sie in einem Zeitungsartikel zu relativieren, wurde eher als Bekräftigung ihres Irrtums aufgefasst: „Niemand kennt die Wahrheit über den Ursprung", schrieb sie zum Thema Aids, „es gibt böse Leute in der Welt, die zerstörerische Überträger in Labors züchten könnten." In Kenia ist dieser Irrglaube besonders in den ungebildeten Schichten weit verbreitet. „Aber von einer Biologin und Doktorin der Veterinärmedizin erwarte ich solchen Quatsch nicht", sagt selbst der sie verehrende Doktorvater Reinhold Hofmann. Dass sie mit ihren Äußerungen die weltweit akzeptierten Forschungsergebnisse leugnet, obwohl sie ihr als Naturwissenschaftlerin bekannt sein müssten, führt vor Augen, wie tief das Misstrauen gegenüber weißen Europäern und Amerikanern nach Jahrhunderten der Ausbildung selbst bei weit gereisten, gebildeten Afrikanern noch heute ist.

„Was sind denn Ihre Erfolge?", wurde Wangari Maathai im Sommer 2004 gefragt. Die Regierung versuche durchzusetzen, dass der Abholzungsbann auch wirklich eingehalten werde, war eine ihrer Antworten. Tatsächlich soll auf Kenias Straßen die Zahl der Holzlaster, die mit Tropenholz dubioser Herkunft beladen sind, abgenommen haben. Im März 2004 wurde endlich auch das Shamba-System verboten. Es bietet Bauern ein Stück Feld, eine „Shamba", im Wald an. Als Gegenleistung müssen sie junge Baumsetzlinge hochpäppeln. Schließt sich die Walddecke, müssen die Bauern auf ein neues Stück Wald ausweichen. Dieses an die ursprüngliche Wanderwirtschaft der Kikuyus erinnernde System war durch Politiker und Waldaufseher ausgehöhlt worden: Politiker vergaben Waldflächen gegen Wählerstimmen, die Förster vermieteten Wald und Brachen. Um den Wald und die Wiederaufforstung der Shambas kümmerte sich niemand. Sehr zum Leidwesen von Wangari Maathai wurde auch ihr Bann des Shamba-Systems sehr bald wieder ausgehöhlt. In Nakuru läuft nun ein Pilotversuch, der prüfen soll, ob die alte Methode unter weniger korrupten Bedingungen nicht doch funktionieren kann.

Zu ihren Erfolgen zählte Maathai auch ihren Entwurf des Waldgesetzes, an dem seit 1995 zahlreiche mit den Wäldern befasste Gruppen in Kenia mitgearbeitet haben. Es wäre tatsächlich ein Durchbruch gewesen. Das geplante Waldgesetz schreibt die Rücknahme der Nyenze-Entscheidung vor und rettet 78 000 Hektar Wald. Es gliedert die Waldpflege aus dem öffentlichen

Dienst aus und macht den Forstdienst zu einer halbstaatlichen Organisation: Abgekoppelt vom öffentlichen Dienst soll der zu gründende Kenya Forest Service (KFS) viel flexibler arbeiten können. Vor allem kann er bessere Gehälter zahlen und damit den Anreiz zur Korruption unter den Waldaufsehern verringern. „Bei 40 Euro Lohn im Monat kann man den Forstbeamten wirklich nicht verdenken, dass sie anfangen, Holz zu verkaufen, um ihr Gehalt aufzubessern", sagen sogar Umweltschützer in Kenia. Zudem sah das Gesetz vor, private Unternehmen in die nachhaltige Forstbewirtschaftung einzubinden nach dem Motto: Was Gewinne bringt, wird auch geschützt.

Doch ist das Waldgesetz vom Parlament abgelehnt worden – eine dramatische Niederlage für „Mama Miti", die Mutter der Bäume. Die Abgeordneten verwarfen ihr Waldgesetz in derselben Woche, als Wangari Maathai den Nobelpreis zugesprochen bekam. Diesmal war die „Eiserne Lady" tatsächlich tief entmutigt und soll sich am Donnerstag, dem 7. Oktober, ernsthaft mit Rücktrittsgedanken getragen haben, berichtete die Tageszeitung The Daily Nation. Doch der nächste Tag sollte ihr neuen Aufwind geben.

7. Nach dem Nobelpreis
Everybody's Darling?

Es war ein Freitag im Frühling, wenige Tage vor der kurzen Regenzeit, die nach der verheerenden Dürre so sehnsüchtig erwartet wurde. Die Jacaranda-Bäume standen in voller Blüte, ihre Kronen bildeten große lila Kugeln und ihr süßlicher Duft erfüllte die Luft. Wangari Maathai war auf der Durchreise in Nyeri. Ihr stand an diesem Tag ein schwerer Gang bevor. Sie wollte in ihrem Wahlkreis Tetu ihr umstrittenes Waldnutzungskonzept verteidigen.

Sowohl am nahe gelegenen Mount Kenya als auch in den Aberdares dringen die Dorbewohner tief in den Wald vor und legen Shambas an, kleine Felder, auf denen sie Mais oder Hirse zum Eigenbedarf anbauen – oder auch die in Somalia und Äthiopien sehr begehrte leichte Droge Khat. Aus dem geschlagenen Holz gewinnen sie Stämme für die Sägewerke, Bauholz und natürlich Holzkohle. Doch der Mount Kenya und die Aberdares sind die wichtigsten Wassergewinnungsgebiete des Landes. Wer dort abholzt, gefährdet Nairobis Wasserversorgung. Wer dort brandrodet, stellt die auf Wasserkraft basierende Stromversorgung des Landes in Frage und gefährdet die Wassernutzung der Menschen an den unteren Flussläufen. Zudem stellen der Mount Kenya mit seinen weltweit einmaligen Hochmooren und die Aberdares unersetzbare Ökosysteme dar. Hier leben unter anderem die letzten Waldelefanten Kenias, die etwas kleiner und wendiger sind als ihre Artgenossen in der Savanne.

Obwohl Wangari Maathai seit jeher den strikten Schutz dieser Waldgebiete gefordert hatte, war sie am 27. Dezember 2002 mit überwältigender Mehrheit in ihrem Wahlkreis zur Abgeordneten gewählt worden. Doch ihr knapp zwei Jahre später vorgelegter Entwurf eines Waldgesetzes, das die Shambawirtschaft in den schutzwürdigen Gebieten ein für alle Mal stoppen sollte, stieß bei ihren Wählern auf Widerstand. Um der Desinformation und der Propaganda ihrer Gegner entgegenzuwirken, wollte Wangari Maathai den Menschen in ihrem Wahlkreis persönlich erklären, was auf dem Spiel stand.

Doch dieser Freitag sollte anders ablaufen als geplant. Beim Zwischenstopp im historischen Outspan-Hotel in Nyeri berichteten kenianische Journalisten der Vizeministerin, dass sie in diesem Jahr den Friedensnobelpreis erhalten würde. Kurz darauf rief der norwegische Botschafter in Kenia, Harald Dalen, auf ihrem Mobiltelefon an und bestätigte ihr, was sie zunächst als Gerücht abgetan hatte und nicht glauben wollte. Mia MacDonald, eine Reporterin der „Los Angeles Times", stand neben ihr, als sie den Arm hochriss und rief: „Wir haben gewonnen!" Tränen schossen ihr in die Augen. „Ich hätte nicht gedacht, dass jemand zuhört", sagte sie, sie habe nicht geglaubt, dass die Welt Notiz nehme von ihrer Arbeit. Die anwesenden kenianischen Journalisten klatschten Beifall, als Wangari Maathai sich an ihnen vorbeischob und ins Innere des Hotels zurückzog, um ihr weiteres Vorgehen zu planen. Um 12 Uhr mittags dann kam der Anruf aus Oslo. Das Nobelpreiskomitee in Norwegen informierte sie persönlich darüber, dass sie unter 194 Anwärtern – mehr als je zuvor – für den Friedensnobelpreis auserkoren sei. „Frieden auf Erden hängt von unserer Fähigkeit ab, unsere lebendige Umwelt zu erhalten. Maathai steht an der Spitze im Kampf, die ökologische, soziale, ökonomische und kulturelle Entwicklung in Kenia und in Afrika zu fördern. Sie hat eine ganzheitliche Auffassung von nachhaltiger Entwicklung, die Demokratie, Menschenrechte und vor allem Frauenrechte umfasst." So begründete das Nobelpreiskomitee in einer kurz darauf veröffentlichten Erklärung den Friedensnobelpreis für Wangari Maathai: „Sie denkt global und handelt lokal."

„Das ist die größte Überraschung meines Lebens", sagte die

Geehrte nach dem Anruf aus Oslo. Sie habe keinen Schimmer gehabt, dass sie überhaupt für den Friedensnobelpreis im Gespräch gewesen sei. Die Nachricht habe sie an keinem besseren Platz erreichen können, sagte sie, „am Fuße des Mount Kenya. Dieser Berg ist immer die größte Inspiration für meine Arbeit gewesen". Ihre Reise in den heimischen Wahlkreis Tetu setzte sie trotz der emotional bewegenden Nachricht fort und schaffte es sogar noch, dort feierlich drei Bäume zu pflanzen, bevor Präsident Mwai Kibaki sie mit einem Hubschrauber abholen und zu seinem Amtssitz, dem State House, nach Nairobi fliegen ließ. Die von den internationalen Gebern kaltgestellte Regierung wollte nichts unversucht lassen, sich in den für Wangari Maathai bestimmten Sonnenstrahlen etwas Glanz und Wärme zu holen. Aus der einst verfemten und selbst als Vizeministerin weitgehend boykottierten und bis an die Grenze des Rücktritts getriebenen Politikerin wurde mit einem Schlag „everybody's darling".

Der Präsident reklamierte die Ehre des Nobelpreises für das ganze Land: „Wir Kenianer wurden geehrt", sagte der sieche, von mehreren Schlaganfällen gezeichnete 72-jährige Kibaki, während er für das Pressefoto seiner berühmtesten Untertanin steif die Hand reichte. Doch auch als die Kameras wieder abgeschaltet waren, hielt er noch ihre Hand und tätschelte sie. Kibaki, das war zu sehen, war gerührt und voll ehrlich empfundener Freude für Wangari Maathai.

Ihr Vorgesetzter, Minister Kalonzo Musyoka, eine Altlast aus dem Moi-Regime, ließ seiner Stellvertreterin umgehend einen besseren Dienstwagen zukommen. Innerhalb einer Stunde wurde ihr schäbiger Toyota Corolla gegen einen erheblich teureren Geländewagen von Mitsubishi ausgetauscht. 15 Jahre zuvor, im Jahr 1989, hatte er, damals noch stellvertretender Parlamentssprecher, im Streit um den Times-Tower im Uhuru-Park Wangari Maathais geistige Gesundheit in Frage gestellt.

Sein Vorgänger im Amt des Umweltministers, Newton Kulundu, fand angesichts der Nobelpreis-Ehren zum ersten Mal positive Worte für seine einstige Untergebene. Als ihr Vorgesetzter hatte er, der in Umweltfragen ahnungslos war, seine Profilneurose dadurch gepflegt, dass er jede noch so kleine Gelegenheit wahrnahm, sich vor die Kameras der Presse und des Fernsehen zu stellen und Wangari Maathai in den Hintergrund zu drängen. Jeden Wochenbericht der Wildschutzbehörde Kenya Wildlife Service ließ er sich vorlegen, und jedes Auto für den KWS feierte er mit einem Presseauftritt, aus Angst, er könne neben seiner erfahrenen Stellvertreterin nicht bestehen. Dass er das nicht konnte, wurde trotzdem schnell deutlich. Deshalb musste der Gesundheitsexperte bei der jüngsten Kabinettsumbildung das Arbeitsministerium übernehmen. An jenem Freitag, dem 8. Oktober, erklärte er, Wangari Maathai sei eine „hingebungsvolle Umweltschützerin, die den Preis verdient".

Selbst der notorische Feind aller Umweltfreunde in Kenia, William ole Ntimama, fraß plötzlich Kreide und versuchte, alte Fehden vergessen zu machen. Ole Ntimama vertritt im Parlament die Massai-Nomaden im Wahlkreis Narok, wo das berühmte Massai-Mara-Schutzgebiet liegt. Zehntausende Touristen besuchen jedes Jahr die Mara, weil dort die letzte große Wildtiermigration der Welt zu bestaunen ist: 1,3 Millionen Gnus durchqueren jedes Jahr den Mara-Fluss, sie wandern mit Zebras und Antilopen von der tansanischen Serengeti in die kenianische Mara auf der Suche nach Grasland. Viele Tiere werden vor den Augen der Touristen von Krokodilen gefressen. Ole Ntimama, der als einer der korruptesten Politiker Kenias gilt, soll über Jahrzehnte die für seine Wahlbürger bestimmten Gewinne aus dem sensationellen Naturschauspiel in der Massai Mara in die eigene Tasche gesteckt haben. Zugleich hat er tatenlos zugesehen, wie die Mara in den vergangenen 20 Jahren immer dichter besiedelt wurde und auf einen Bruchteil ihrer einstigen Fläche schrumpfte. „Der Typ ist ein Verbrecher", sagen Ministerkollegen über ihn, und das ganz unverhohlen. Den Pressevertretern erklärte Wangari Maathais Erzfeind nun, ihr Nobelpreis sei „eine große Ehre, nicht nur für kenianische Frauen, sondern für ganz Afrika".

Eine Mischung aus Genugtuung und Ekel dürfte Wangari Maathai angesichts der unverhofften Lobpreisungen im eigenen Land empfunden haben, doch würde sie sich nie dazu hinreißen lassen, ihre einstigen Verfolger als Heuchler zu beschimpfen. „Ich sehe es nicht als Scheinheiligkeit an", sagt sie. Seit sie im Parlament sitze, hätten viele Leute sich sehr positiv verhalten, „sogar die, die mich beschimpft und vor Gericht gezerrt haben. Einige dieser Leute sitzen heute in der Regierung und haben sogar bessere Positionen als ich. Es kann durchaus sein, dass sie inzwischen besser verstehen, wofür ich mich immer eingesetzt habe." Unter dem Druck der undemokratischen Verhältnisse hätten einige ihrer Verfolger früher kaum eine andere Wahl gehabt, als sich gegen sie auszusprechen, sagt Wangari Maathai. Persönlicher Hass scheint ihr fremd zu sein, sie sieht den historischen Prozess, die irrenden Individuen darin sind für sie Opfer der Zeitläufte. Versöhnlich, voller Bereitschaft zu vergeben, positiv – so ist Wangari Maathai tatsächlich, ein Paradebeispiel für die Kunst des positiven Denkens. Immer wieder betont sie, ihren Durchhaltewillen verdanke sie ihrem christlichen Glauben, und nichts spricht dagegen, dass auch ihre Versöhnungsbereitschaft darauf zurückzuführen ist. Geschickt verknüpft sie ihre christliche Grundeinstellung mit ihrem Kampf für die Umwelt: „So wie unser Herr wieder aufersteht, so wird auch der Baum wieder auferstehen, an dem er gekreuzigt wurde", sagte sie Ostern 2003, als sie vor einer Frauengruppe aus Tetu über die Partei sprach, die sie kurz zuvor gegründet hatte. Sie trägt den Namen „Mazingira Green Party of Kenya". Mazingira ist das suahelische Wort für Umwelt.

Dass deutsche Politiker, angefangen bei Bundeskanzler Gerhard Schröder über Außenminister Joschka Fischer bis hin zu Umweltminister Jürgen Trittin, den Friedensnobelpreis für die engagierte Ökologin wärmstens begrüßten, dürfte sie kaum überrascht haben. Trittin kennt sie schon lange persönlich. Der als eher spröde geltende Grünenpolitiker fand sehr herzliche Worte in seinem Gratulationsschreiben an Wangari Maathai. Sie habe mit ihrem Engagement für Demokratie und Umweltschutz „die Voraussetzungen für Frieden im 21. Jahrhundert entscheidend verbessert", schrieb Trittin „in herzlicher Anerkennung". Die rot-grüne Bundesregierung hatte die Entwicklungshilfe für Kenia nach den Wahlen 2002 auf rund 25 Millionen Euro jährlich verdoppelt. Schröder stattete Kenia im Januar 2004 einen Besuch ab und ließ sich den Nairobi-Nationalpark zeigen, für dessen Erhalt auch Wangari Maathai immer gekämpft hat. Einer der Schwerpunkte der deutschen Entwicklungszusammenarbeit mit Kenia ist die Wasserversorgung. Dass die Reformbemühungen Wangari Maathais selbst beim Nobelpreiskomitee auf höchste Anerkennung stießen, war der deutschen Regierung als Bestätigung ihrer Keniapolitik willkommen.

Auch die Vereinten Nationen, allen voran das Umweltprogramm UNEP, werteten die Auszeichnung Wangari Maathais als Unterstützung auch der eigenen Politik. Schließlich hatte UNEP von Anfang an Maathais Grüngürtel-Initiative gefördert, die erste Publikation des Green Belt Movement finanziert und seine Chefin über Jahrzehnte als prominente Vertreterin der Nichtregierungsorganisationen zu internationalen Kongressen und Konferenzen eingeladen. „Professor Maathai sollte uns allen ein Vorbild sein, vor allem den Frauen und Kindern in Afrika, die Afrikas Last an Armut, Konflikten und Umweltzerstörung zu ertragen haben und die so sehr die Vorbilder verdient haben, die ihnen einen Weg in eine bessere Zukunft zeigen", kommentierte

UNEP-Chef Klaus Töpfer Maathais Auszeichnung. Die Vereinten Nationen hatten durch Mittel der UN-Kampagne für das „Jahrzehnt der Frauen 1975–1985" dem Green Belt Movement Ende der 70er Jahre großen Auftrieb gegeben.

Nun galt die Prophetin Wangari Maathai etwas, sogar im eigenen Land. Der Nobelpreis gab ihr ungeheuren Auftrieb und ein unverhofftes politisches Gewicht. Aus ihrem Büro im Ministerium im sechsten Stock des Maji-Hauses drang wieder ihr lautes, heiseres Lachen ins Vorzimmer, wo außer dem Handy der Sekretärin oft nichts funktionierte. Ein riesiges Blumenbukett lehnte dort an der Wand, und eine der Glückwunschkarten war so groß, dass der Empfangstresen nicht mehr zu sehen war. Das Wartezimmer mit den verschlissenen Sofas war voll von Gratulanten, die gar nicht mehr alle vordringen konnten zur Vizeministerin. Jeden Tag war sie mit mindestens einem Foto in den Zeitungen präsent, sie war weit häufiger abgebildet als Mwai Kibaki und galt – zumindest für einige Zeit – als die wichtigste Politikerin Kenias gleich nach dem Präsidenten. Die Zeitungen brachten Vierfarbanzeigen, mit denen ihr die merkwürdigsten Unternehmen von der Frauenzeitschrift „True Love" bis zum Bierbrauer „Tusker" öffentlich gratulierten. Täglich ließen sich Kolumnisten in den Gazetten über die Bedeutung des Friedensnobelpreises für Kenia aus. Es schien, als könnte das Land nicht begreifen, wie einer der ihren ein solche Ehre zuteil werden konnte. Die „Daily Nation" witterte gar Schiebung hinter der Preisvergabe und schrieb fälschlich, UNEP-Chef Klaus Töpfer sei Mitglied des fünfköpfigen Vergabekomitees in Oslo. Kein Wunder, dass er seiner alten Freundin den Preis zuschanzt, so werden die Leser der auflagenstärksten Zeitung Ostafrikas gedacht haben.

Der wohl renommierteste kenianische Intellektuelle, der in den USA lebende Politologe Ali Mazrui, schaltete sich in die Debatte ein und veröffentlichte sein Empfehlungsschreiben vom 13. September

2004 an das Nobelkomitee in Oslo, um den staunenden Kenianern die Einzigartigkeit ihrer berühmtesten Politikerin vor Augen zu führen: „In Ostafrika ist Wangari Maathai nahezu einmalig in ihrer Bereitschaft, ihre Freiheit und sogar ihr Leben zu riskieren, um die Wälder und das Erbe der Natur zu verteidigen ... Sie hat den Mächtigen die Wahrheit gesagt. Sie hat im Gefängnis und unter physischen Angriffen gelitten. Dies ist eine Frau mit außerordentlichem Mut und moralischen Überzeugungen." Mazruis Empfehlung stieß in Oslo auf offene Ohren. Unter den 194 Kandidaten für den Friedensnobelpreis 2004 befand sich auch Papst Johannes Paul II. Doch entschied sich das Komitee wie schon im Falle der iranischen Schriftstellerin Schirin Ebadi im Vorjahr für die Außenseiterin und sprach die Auszeichnung Wangari Maathai zu.

Darf sich ganz Kenia dadurch geehrt fühlen? Uschi Eid, seit Jahren eine der engagiertesten und in Afrika meistrespektierten deutschen Entwicklungspolitikerinnen, befand: „Ja" – wie schon Kenias Spitzenpolitiker vor ihr. „Kenia kann stolz sein, dass die erste Afrikanerin, die den Friedensnobelpreis bekommen hat, Kenianerin ist", sagte sie. Doch gibt es auch andere Stimmen. Mit den Kenianern habe der Preis wenig zu tun, wohl aber mit Wangari Maathai als Individuum, kritisierte der Wirtschaftsberater Sunny Bindra in der „Daily Nation" die Vereinnahmungsversuche seiner Landsleute: „Die ihr geholfen haben, können an den Fingern ihrer zwei schwer beschäftigten Hände abgezählt werden", spottete Bindra, „die ihr im Weg standen, könnten locker einen 62-stöckigen Wolkenkratzer füllen."

Der Druck wächst

Die meisten Kenianer haben keine Vorstellung davon, was der Friedensnobelpreis bedeutet. Die Folgen für die kenianische Innenpolitik und die internationale Signalwirkung standen kaum im

Mittelpunkt der öffentlichen Diskussion um die neue „Nationalheldin", wie sie eine Kolumnistin nannte. In der Berichterstattung der örtlichen Journalisten wie auch in Leserbriefen ging es vor allem um die Frage: Was macht sie mit dem vielen Geld? Wangari Maathai gehörte von einem Tag auf den anderen zu den reichsten Menschen in ihrem Land. Wer dort Arbeit hat, verdient monatlich weniger als 100 Euro. Doch mehr als die Hälfte der arbeitsfähigen Bevölkerung hat gar keinen bezahlten Job. Das Preisgeld von 1,36 Millionen Dollar ist für die meisten Menschen eine unvorstellbar große Summe. In den Slums werden Menschen schon für zehn Euro erschlagen. Wer Geld hat, kann sich der Nachfragen von Verwandten, Bekannten und Freunden nicht erwehren. „Es ist besser, mein Konto ist leer", das sagen die meisten Mittelständler, die mit 1000 oder 1500 Dollar Monatseinkommen die reichsten Mitglieder ihrer ausufernden Großfamilien sind. Ein Industrieboss in Nairobi verwandelte seinen Bungalow im Grünen in ein Siebenparteienhaus, damit er seine Besucher vom Land beherbergen kann, ohne sein Schlafzimmer zur Herberge zu machen. „Ich darf meine Verwandten nicht abweisen", sagt er.

Diesem Druck ist nun auch Wangari Maathai ausgesetzt. Als Rettungsanker für Familienangehörige, Freunde, politische Mitstreiter und zahlreiche unterfinanzierte Wohltätigkeitsprojekte wird sie plötzlich gesehen. Eine Million Dollar können sehr wenig sein gemessen an der Not, die in Kenia herrscht. Doch hat sie ihrer Familie daheim in Ihithe schon früher abgewöhnt, sie als wandelndes Bankkonto zu sehen. Ihr Motto war immer „Hilfe zur Selbsthilfe", sagte ihr Neffe Peter Muta. Eine Geschäftsidee anzuregen von der Honiggewinnung bis zur Kaninchenzucht, das liege seiner berühmten Tante mehr als mit Bargeld herumzuwerfen, über das sie ohnehin selten in ihrem Leben ausreichend verfügte.

Ein großes Risiko für die berühmte Kenianerin stellen zweifellos auch gut organisierte Kriminelle dar. Einige Banditengruppen haben sich darauf spezialisiert, Prominente zu überfallen. Es ist für Wohlhabende in Kenia gefährlich, in der Zeitung zu stehen. Dem Weltrekordhalter im Marathon, Paul Tergat, wurde kurz vor seiner Abreise zu den Olympischen Spielen 2004 bei einem Carjacking das Auto entwendet. Die Gewinnerin der Silbermedaille im Marathon, Christine Ndereba, wurde nach ihrer Heimkehr Opfer eines bewaffneten Raubüberfalls. Der nach 22 Jahren aus dem Exil heimgekehrte Schriftsteller Ngugi wa Thiong'o wurde in seiner Wohnung überfallen, gefoltert und beraubt. Einer der Gangster vergewaltigte seine Frau. Selbst hochrangige Amtsinhaber in der Regierung wurden schon Opfer von Verbrechen. Eine Ministerin wurde nachts mit ihrem Auto entführt. Und die Frau des Militärstabschefs wurde an der Mombasa-Road überfallen, obwohl sie mit Fahrer und Leibwächter unterwegs war.

Wangari Maathai war von der Regierung mit Leibwächter und Fahrer versehen worden, doch weigerte sie sich beharrlich, aus ihrem alten Haus in Nairobi-South C aus- und in eines der sichereren Viertel Nairobis umzuziehen. „Sie würde nie ihre Bäume da im Stich lassen", sagte ein ihr nahe stehender Helfer, außerdem würden die Nachbarn gut auf „ihre Professorin" aufpassen. „Da kann ich mich am besten entspannen, in meinem Wohnzimmer", sagt sie selbst, wenn sie über ihren liebsten Urlaubsort spricht. Als alternativer Rückzugsort käme allenfalls eine Hütte im Wald in Frage, „aber nur, wenn eine Kirche in der Nähe ist. Ich liebe es, mit den einfachen Leuten zusammen zu beten", sagte sie. Ihr Wunsch war es ohnehin, ihren neuen Reichtum möglichst bald auf sinnvolle Art wieder loszuwerden. „Ich will lieber dem Gemeinwesen helfen als Individuen", antwortete sie auf die Frage, was denn mit dem Preisgeld geschehen werde. Sie plane die Einrichtung einer Stiftung für Umweltschutz und Menschenrechte. Selbst ihr Green Belt Movement müsse nicht unbedingt bedacht werden. Die Organisation sei so prominent geworden, dass sich die Spender darum rissen, mit ihr zusammenzuarbeiten, sagte GBM-Mitarbeiter Njogu Kahare. Notwendig sei eine Professionalisierung des Mitarbeiterstabs, um mit dem Ansturm von Spendern und Journalisten fertig zu werden.

Wichtiger noch als das Geld war der politische Gewinn, den Wangari Maathai aus dem Friedensnobelpreis ziehen konnte. Präsident Kibaki wollte sie sofort befördern und zur Ministerin ohne Geschäftsbereich ernennen. Die Professorin sollte als Botschafterin seiner Regierung durchs Land und ins Ausland reisen und ihr gewachsenes Ansehen für einen Imagegewinn der Regierung einsetzen. „Soll ich das machen?", fragte sie gute Freunde. Die rieten ihr ab, sich mit der unter Korruptionsaffären leidenden Regierung noch weiter gemein zu machen. Es wäre besser abzuwarten, bis Kibaki die notwendigen Schritte unternommen hätte, seine Wahlversprechen auch wirklich einzulösen, war der Ratschlag an die Friedensnobelpreisträgerin. Sie selbst hält sich bedeckt mit Aussagen über ihre politischen Ambitionen für die Zukunft. Ob sie Umweltministerin werden wolle? Darüber werde sie zum gegebenen Zeitpunkt sprechen. „Es ist das Vorrecht des Präsidenten, eine Regierung zu bilden unter all den Zwängen, denen er ausgesetzt ist", sagt sie. Es ergebe keinen Sinn, ihn unter Druck zu setzen, denn die ethnische Balance und die Zwänge einer Koalition müssten berücksichtigt werden. Kibaki hat bereits so viele Kikuyus mit mächtigen Posten versehen, dass eine Ministerin Maathai, eine Kikuyu, zur Belastung für die fragile Koalition in Kenia werden könnte, solange er nicht einen anderen Kikuyu fallen lässt.

Wangari Maathai nimmt jedoch in Fragen der Umweltpolitik kein Blatt mehr vor den Mund. Hatte sie sich im September 2004 noch bedeckt gehalten unter dem Vorwand der Koalitionsdisziplin, ließ sie nach dem 8. Oktober keinen Zweifel mehr daran, dass sie beim Thema Umweltschutz die alleinige Führungsrolle beansprucht, unabhängig von ihrer schwachen Position als Vizeministerin. Ihr politisches Gesellenstück, das umstrittene Waldgesetz, soll nach seiner Wiedervorlage im Parlament schon bald verabschiedet werden, heißt es in Abgeordnetenkreisen. Einem Straßenbauvorhaben durch den Wald in ihrem Wahlkreis Tetu versagte sie die Zustimmung nicht, aber in der Frage des Shamba-Systems ist sie kompromisslos. Die Restbestände der Bergwälder dürfen nicht weiter von den Bauern genutzt werden, sagt sie und widerspricht damit sogar ihrem alten Kampfgefährten Koigi wa Wamwere. Nahezu jeden öffentlichen Auftritt nutzt sie, um Umweltschutzanliegen zu fördern. Als die Supermarktkette Uchumi sie zu einer Werbeveranstaltung einlud, sagte sie zu, erschien und trat den Managern mächtig vors Knie, indem sie die massenhafte Verbreitung von Plastiktüten als Umweltsünde brandmarkte. Weder werden sie umweltfreundlich produziert noch entsorgt. Überall in Kenia verschandeln die kostenlos verteilten Tüten die Umwelt. Sie werden von Ziegen gefressen, die davon umkommen. Sie werden auf wilden Müllkippen verbrannt und verpesten die Luft.

Zur besseren Planung und Abwicklung ihrer Aktivitäten hat Wangari Maathai mittlerweile ein eigenes Sekretariat gegründet, das Ministerpflichten, Green-Belt-Aktivitäten und die Hunderte Termine einer Nobelpreisträgerin koordinieren soll. „Die Straße nach Oslo und danach", heißt das neue Maathai-Büro. Nur Familienangehörige, alte Freunde und vertraute Berater sitzen in dem Sekretariat, das sich auch Gedanken über die politische Strategie der Professorin machen sollte. Die Stunde der Gunst soll nicht ungenutzt verstreichen.

Doch Strategien für politisch aktive Friedensnobelpreisgewinner liegen nirgends in der Schublade. Über die Verwendung des Preisgeldes wolle sie sich von dem südafrikanischen Ex-Präsidenten Nelson Mandela und von Bischof Desmond Tutu gern beraten lassen, sagte sie am Rande eines ihrer zahlreichen öffentlichen Auftritte. Vermutlich hat sie aber noch mehr Fragen an ihre afrikanischen Nobel-Kollegen, die sich auf ihre politische Zukunft beziehen.

Viele Kenianer, aber auch internationale Beobachter sehen in Wangari Maathai seit dem 8. Oktober eine künftige Präsidentin. Doch zur Präsidentschaftskandidatur fehlt ihr der Rückhalt in den großen Parteien des Landes – auch wenn diese um ihre Mitgliedschaft buhlen. Ob die streitbare Politikerin zur Integrationsfigur eines in 42 Ethnien gespaltenen Landes taugt, darf bezweifelt werden. Ihre grüne Partei dürfte Zulauf bekommen haben, aber aus dem Spektrum von mehr als 50 Parteien in Kenia kaum besonders herausragen. Eine Partei hat dort vom Gesetz her keinen besseren Status als ein Beerdigungs-Sparverein oder ein Fußballklub. Die Kenianer entscheiden bei Wahlen über Ethnien und Personen, nicht über Parteien. Zudem würde sich Wangari Maathai trotz des Nobelpreisgeldes in Höhe von mehr als 1,3 Millionen Dollar einen Präsidentschaftswahlkampf in Kenia im Jahr 2007 kaum leisten können. Als Friedensnobelpreisträgerin ist sie vom Rand des politischen Geschehens in die Mitte gerückt, aber eine Präsidentin Maathai, eine Frau als Staatschefin und Kommandeurin der Streitkräfte, das bleibt für die meisten Kenianer schwer vorstellbar. Dass sie auf internationaler Ebene, insbesondere in Afrika, eine weit stärker gefragte und einflussreichere Persönlichkeit werden solle, dazu hat der Friedensnobelpreis gewiss beigetragen. „Nur eines werde ich ganz gewiss nicht tun", verrät die 64-Jährige über ihre Pläne, „ich werde nicht in den Ruhestand gehen."

8. Ausblick

Die Bedeutung des Friedensnobelpreises für Afrika

Sind Afrikas Wälder nun gerettet? Wachsen die Aussichten, dass der Frieden Einzug hält im Sudan, in Somalia, Burundi, Elfenbeinküste oder anderswo auf dem vergessenen Kontinent? Wird Robert Mugabe die Menschenrechte achten, wenn Wangari Maathai ihn darum bittet? Wird George W. Bush, nur weil sie es sagt, aufhören, hunderttausenden Baumwollfarmern in Afrika die Lebensgrundlage zu entziehen? Wird er davon absehen, seine 25 000 US-amerikanischen Baumwollproduzenten weiter mit Subventionen zu päppeln, die den Afrikanern auf dem Weltmarkt die Preise verderben? Das sind naive Fragen, aber es muss erlaubt sein, darüber nachzudenken, was die Verleihung des Friedensnobelpreises an eine Afrikanerin für Afrika wirklich bewirken kann.

Ein Scheck von 1,36 Millionen Dollar und eine 200 Gramm schwere Goldmedaille – das ist die begehrteste und renommierteste Auszeichnung der Welt, der einzige internationale Orden von Rang. Am 10. Dezember, dem Todestag seines Stifters Alfred Nobel, wird der Preis in Oslo verliehen. Und damit es auch die ganze Welt mitbekommt, geben Superstars aus diesem Anlass ein Konzert, organisiert das Nobelkomitee eine Show, die weltweit übertragen wird. Das Wort eines Friedensnobelpreisträgers hat automatisch Gewicht, er muss nichts erklären, er wird gehört wie sonst nur der Papst oder der Staatschef einer Supermacht, wenn der gerade über Krieg oder Frieden spricht. Eine hohe moralische Autorität haben sich insbesondere die „unbekannteren" Preisträger bewahrt, die ihren Kredit an Glaubwürdigkeit nicht im tagesaktuellen Politikgeschäft verspielen. „Der Nobelpreis war immer dann von Bedeutung, wenn es um die Anerkennung unabhängiger Gedanken und Bewegungen ging", bilanziert der Schriftsteller Hubert Filser in seiner Analyse der Geschichte des Nobelpreises. Aktive Politiker wie Palästinenserchef Yassir Arafat oder auch US-Präsident Theodore Roosevelt sind nicht die überzeugendsten Laureaten. Roosevelt schoss vor 100 Jahren bei seinen monatelangen Jagdsafaris in Afrika Hunderte von Nashörnern, Elefanten und Büffeln, wird berichtet. Passt der Mann in ein Boot mit Wangari Maathai, der Umweltschützerin?

Dass sich das Nobelkomitee auch mal irren kann, hat es selbst eingeräumt.

Mahatma Gandhi haben die norwegischen Preisverleiher so lange ignoriert, bis es zu spät war. 1948 sollte der indische Pionier gewaltfreien Protests endlich die Auszeichnung bekommen, doch wurde er kurz zuvor ermordet. Die Nobelpreise kommen häufiger zu spät. Für Carl von Ossietzky haben seine Freunde jahrelang gekämpft, doch erst 1938 wurde er ausgezeichnet, nach Jahren der Nazihaft. Vielleicht hätte man ihn noch freibekommen können, wäre er früher bedacht worden? Auch Wangari Maathai hätte den Preis schon früher verdient, sagen ihre Anhänger. Warum bekam sie ihn nicht 1992, als sie das Freedom Corner für die politischen Gefangenen begründete und ihr Leben akut in Gefahr war? Warum ausgerechnet jetzt, da sie als Mitglied einer mit Korruptionsverdacht behafteten Regierung um ihre Reputation bangen muss?

Weil sie diesen Preis auch jetzt noch sehr gut gebrauchen kann. Er fördert die Reformkräfte in ihrer Regierung, er fördert die Demokraten in Kenia, die Umweltschützer, die Frauen.

Es war höchste Zeit für das Nobelkomitee, die Augen auf Afrika zu richten. In der mehr als hundertjährigen Geschichte des Nobelpreises haben erst sieben Afrikaner den Friedensnobelpreis erhalten. Es war höchste Zeit, eine afrikanische Frau zu bedenken, denn vor Wangari Maathai hat noch nie eine Frau vom schwarzen

Kontinent den Preis bekommen. Es waren insgesamt erst elf Frauen vor ihr bedacht worden, von Bertha von Suttner über Mutter Theresa bis zu Schirin Ebadi. Es war zudem höchste Zeit, auch einmal dem Thema Umweltschutz Aufmerksamkeit zu schenken. Denn die Konflikte um Land, Wasser, Wald und Boden werden die wichtigsten Kriegsursachen der Zukunft sein. In Darfur in Westsudan geht es heute schon um wenig anderes als darum, knappes Grasland und ein paar wenige Wasserlöcher zu erobern. Im Rift Valley in Wangari Maathais Heimatland gehen Kalenjin und Kikuyus erneut mit Macheten und Speeren aufeinander los und töten für ein Stück Acker. Das Nobelkomitee hat schon vor Jahren versprochen, sich auch dem Umweltschutzgedanken zuzuwenden und die Kriterien für die Vergabe des Friedensnobelpreises zu erweitern. Deswegen sollte es keine allzu große Überraschung sein, dass der Preis an eine afrikanische Umweltschützerin geht, die darüber hinaus ein viel breiteres Profil zu bieten hat und für Menschenrechte und Frauenförderung mindestens ebenso einsteht wie für die Rettung der letzten Wälder Afrikas.

Gleichwohl zeigten sich Kommentatoren auf der ganzen Welt verblüfft und äußerten sogar Missfallen an Maathais Ehrung. Dass sie eine „Quotenfrau" sei, hat keiner laut auszusprechen gewagt, aber von „Ratlosigkeit" und „schlechtem Nachgeschmack" fabulierten manche Schreiber, denen es lieber gewesen wäre, eine in der Welt bekanntere Persönlichkeit hätte den Preis bekommen. Der Papst zum Beispiel, oder Mohammed el-Baradei und seine Atomwachhunde in Wien, die Internationale Atomenergie-Agentur der Vereinten Nationen. „Ein Friedensnobelpreis, der nur für unumstößliche Beiträge zum Weltfrieden vergeben wird, wäre sicher vorzuziehen", meinte die niederländische Zeitung Volkskrant. Carl Graf Hohenthal monierte in der Welt, dass Wangari Maathai zu unbekannt sei, um die Ehrung verdient zu haben. Vielleicht liegt das auch an den Korrespondenten der konservativen Blätter, dass sie um Personen wie Wangari Maathai einen Bogen machen, weil ihnen die Themen Umweltschutz und Frauen zu „linksverdächtig" sind. „Wenn der Friedensnobelpreis zunehmend an Unbekannte geht, wird das Interesse an ihm abnehmen", fürchtet der Welt-Schreiber. Ist das so? Oder ist es nicht vielmehr genau umgekehrt? Dass der Nobelpreis einen Menschen erst so richtig ans Licht zerrt und seiner Sache Auftrieb gibt? Wangari Maathai fand sich am Tag nach der Verkündung des Nobelkomitees über ihre Auswahl in Tausenden Artikeln, Radio-, TV- und Internetbeiträgen in allen Sprachen dieser Welt gewürdigt. Eine kleine Auswahl dieser von Medienstrategen „Hit-Liste" genannten Treffer von einem einzigen Tag wiegt ausgedruckt mehr als die Berliner Telefonbücher.

Warum soll Umweltschutz nichts mit einem „unumstößlichen Beitrag zum Weltfrieden" zu tun haben? Dass Umweltschutz ein Beitrag zur Friedensförderung sein kann, ist hinlänglich bekannt.

Das älteste Abkommen über die Nutzung des Nilwassers ist 75 Jahre alt. Kann sich jemand ausmalen, was passiert, wenn Ägypten und alle Nilanrainer stromaufwärts sich nicht mehr über die Nutzung des Nils einig werden?

Ägypten droht heute schon unverhohlen mit Kampfbomberangriffen gegen Länder, die Tausende Kilometer entfernt liegen, sollten sie es wagen, zu viel Wasser aus dem Lake Victoria abzuzapfen. Die Quellen des Nil und seiner Zuflüsse liegen genau da, wo der Druck auf die natürlichen Wasserspeicher, die Wälder, am größten ist. Ruanda, Uganda, Tansania, Kenia und der zerrüttete Sudan – da liegt die Lebensquelle Kairos. Worum geht es in Israel und den besetzten Gebieten? Auch um Wasser und die Kontrolle der Quellen. Was tat Saddam Hussein, um die rebellierenden Schiiten im Delta von Euphrat und Tigris zu bekämpfen? Er schnitt ihnen die Wasserzufuhr ab und legte das Marschland von Mesopotamien trocken, den biblischen Garten Eden.

Umweltzerstörung ist eine Waffe im Bürgerkrieg. Umweltzerstörung kann aber auch Kriegsursache sein. Ob Mekong-Delta, Sambezi-Anrainer oder Nilbassin – die Wasserversorgung von Hunderten Millionen Menschen hängt davon ab, ob sich die Staaten auf ein vernünftiges Wassermanagement einigen können. Aber „eine internationale Wasserpolitik, die diesen Namen verdient, gibt es kaum noch", warnt die „Frankfurter Allgemeine Zeitung".

Legt Wangari Maathai ihre Leidenschaft für internationale Konferenzen nicht ab, dann wird dort künftig eine Stimme mit dem Gewicht einer Friedensnobelpreisträgerin für die Belange der Umwelt sprechen. Sie wird gehört werden. Journalisten, die sich von internationalen Konferenzen oft genug gelangweilt abwenden, werden Wangari Maathai zuhören und ihre Botschaft verbreiten. Ein lebender Mythos wie Nelson Mandela, Friedensnobelpreisträger von 1994, ist sie gewiss nicht. Die Apartheid war als Gegner viel fassbarer als die für viele Menschen noch immer abstrakte Umweltzerstörung, gegen die Wangari Maathai vorgeht. Mandela hat den friedlichen Wandel Südafrikas vollbracht, während Wangari Maathai erst seit kurzem in der politischen Verantwortung steht, und zwar bislang eher in der dritten denn in der zweiten Reihe der Hierarchie. Aber sie hat die Chance, Mandela als Botschafterin für „das gute Afrika" einmal nachzufolgen, wenn sie nicht zu viele Fehler macht und aufhört, Fragwürdiges zum Thema Aids zu verbreiten.

Mandelas Charisma ist wohl einzigartig. Das Maß an Leid, das ihm in fast drei Jahrzehnten Haft zugefügt wurde, ist unmenschlich. Seine Bereitschaft zur Vergebung und Versöhnung wirkt schon fast übermenschlich. Aber auch Mandela hat Fehler gemacht. Während seiner Präsidentschaft hat er die Aidsseuche unterschätzt, und er war möglicherweise zu versöhnlich gegenüber den weißen Rassisten in Südafrika, was den sozialen Ausgleich dort bis heute verlangsamt und manche Konflikte nur aufgeschoben hat. Dennoch ist Mandela die Stimme Afrikas. Niemand hat seine Aura. Es gibt nicht viele Menschen auf dem Kontinent, deren Wort so viel Gewicht hat.

Hat es Afrika genützt?

Unbestreitbar. Menschen wie Nelson Mandela, Desmond Tutu oder Wangari Maathai geben der Heimat des Elends und der Bürgerkriege ein anderes Gesicht, ein Profil, das sich weit erhebt über das Klischee des permanenten Niedergangs. „Der Friedensnobelpreis für Wangari Maathai macht darauf aufmerksam, dass dieser Kontinent nicht verloren ist", schrieb der langjährige Afrika-Korrespondent der Zeit, Bartholomäus Grill. Mandelas Tiraden gegen George W. Bush, den er als einen „Mann, der nicht denken kann", verachtet, ermuntern Afrika zur Suche nach einem eigenen außenpolitischen Kurs. Auch Kenia steht vor der schwierigen Herausforderung, sich aus der Umklammerung der langjährigen Partner USA und Großbritannien zu befreien. Zur Strafe für Kenias Zustimmung zum Internationen Kriminalgerichtshof in Den Haag wollen die USA dem Land möglicherweise die Militärhilfe entziehen. Die USA wollen keinesfalls ihre Soldaten in Den Haag vor Gericht gestellt sehen.

Kenia überlegt nun, was es kosten würde, auf eigenen Füßen zu stehen. „We go east", ist die Devise, nicht nur im Tourismusgeschäft. China, Südkorea, Japan, vielleicht auch die Europäische Union gewinnen an Einfluss in Afrika.

Eine Friedensnobelpreisträgerin als Regierungsmitglied gibt dem armen Kenia ein anderes Gewicht in den internationalen Debatten, wenn sie denn in der Regierung bleibt und dort für ihre Belange auch Gehör findet.

Ein Friedensnobelpreisträger ist kein Friedensengel, der nur kraft seiner Persönlichkeit die Warlords zur Vernunft zwingen kann. Mandela ist damit gescheitert, seinem außenpolitischen Lieblingsprojekt „Frieden für Burundi" Schwung zu verleihen. Mehr als einmal tanzten ihm die Konfliktparteien in Burundi auf der Nase herum. Als Vermittler ist auch ein Mandela keine Garantie dafür, dass die von ihm geführten Verhandlungen erfolgreich sind.

Aber er konnte wie kein anderer die internationale Aufmerksamkeit auf diesen geschundenen, strategisch und ökonomisch bedeutungslosen Zwergstaat lenken.

Burundi ist das beste Beispiel dafür, was Afrika für die Welt ist: kriegsversehrt, arm, kompliziert, krank, unbekannt. 30 Kriege seit 1970, mindestens sechs Millionen Flüchtlinge, schätzungsweise ebenso viele Kriegs- und Bürgerkriegstote – das ist Afrika. Man darf den Kontinent nicht auf seine Katastrophen reduzieren, aber auch Afrika-Optimisten können nicht die Augen vor den traurigen Fakten verschließen. Die Lebenserwartung ist auf durchschnittlich 45 Jahre gesunken, nicht zuletzt infolge der Aidspandemie.

Rund zwei Drittel aller Aidsinfizierten leben in Afrika, obwohl der Kontinent nur 14 Prozent der Erdbevölkerung stellt. Allein in Äthiopien sind mehr als doppelt so viele Menschen HIV-infiziert, wie in der 3,4-Millionen-Metropole Berlin leben. Lässt man Südafrika einmal heraus aus der Statistik, dann sinkt der Anteil Schwarzafrikas am Bruttosozialprodukt der Welt auf unter ein Prozent. Wirtschaftlich interessant ist Afrika als Rohstofflieferant. Öl ist es in Ägypten, Nigeria, Äquatorial-Guinea, Angola und im Sudan. Gold, Coltan oder Diamanten sind es in der Demokratischen Republik Kongo, Botswana, Südafrika oder Sierra Leone. Und natürlich Tropenholz. Die Nachfrage danach schürt die Bürgerkriege ebenso wie die nach Gold und Coltan. Ob in Ghana, Ostkongo oder Kenia, der Bedarf an diesem kostbaren Rohstoff gefährdet die letzten tropischen Wälder, die nicht allein für die betroffenen Länder, sondern auch für das Weltklima von Bedeutung sind.

Wangari Maathai hat sich das zu Beginn ihrer Aktivistenkarriere nicht so ausgedacht, aber sie steht als Person beispielhaft für das, was Afrika Hoffnung geben kann. Demokratisierung,

Wahrung der Menschrechte und Bewahrung natürlicher Ressourcen sind unverzichtbare Bestandteile des Fortschritts. Kenia hat mit seinem friedlichen Machtwechsel 2002 bewiesen, dass Fortschritte auch in Afrika möglich sind. Wangari Maathai war tief in diesen Kampf um mehr Demokratie verstrickt. Noch immer werden Gefangene in Polizeiwachen und Gefängnissen Kenias gefoltert, aber den lähmenden Staatsterror der 80er und 90er Jahre hat das Land abgeschafft. Wangari Maathai kann heute an einem einzigen Tag mit Hilfe des Militärs 80 000 Bäume pflanzen, statt sich unter Tränengasattacken der paramilitärischen Einheiten der General Service Unit ducken zu müssen.

Seit 30 Jahren gilt es unter Entwicklungspolitikern als Binsenweisheit, dass Afrika sich vor allem mit Hilfe der Frauen aus der Elendsfalle befreien kann. Mikrokredite an Frauenprojekte zu vergeben, funktioniert besser als die Förderung der von Männern gesteuerten Unternehmen. „Die Frauen fühlen sich verantwortlich für ihre Kinder. Sie können sich nicht zurücklehnen, Zeit verschwenden und zusehen, wie ihre Kinder hungern", sagte Wangari Maathai einmal. „Ruandas Zukunft ist weiblich", war der Titel einer viel beachteten ARD-Dokumentation über die Rolle der Frauen beim Wiederaufbau Ruandas. Sie waren längst nicht in so großer Zahl in das Morden und Totschlagen von 1994 verwickelt wie die Männer. Es ist sinnvoller, sie mit Führungspositionen zu betrauen statt die Männer, denn das birgt ein viel geringeres Risiko, dass sie doch noch als Völkermörderinnen entlarvt werden könnten. Es sind die Frauen, die in Afrika die Nahrungsmittel produzieren. Sie gelten als zuverlässiger, fleißiger und weniger korruptionsanfällig. Ausnahmen wie die der Korruption verdächtige Chefin der Kenianischen Aidskontrollrates, Margaret Gachara, bestätigen die Regel. Es gilt, die Rolle der Frauen hervorzuheben, sie als Vorbilder auszuzeichnen und zu fördern – um ihnen Mut und Hoffnung zu machen. Afrika braucht Frauen wie Wangari Maathai.

Danksagung

Mein Dank gilt zuallererst Wangari Maathai dafür, dass sie sich so viel Zeit genommen hat, über ihr Leben zu sprechen, obwohl sie gar keine Zeit hat. Den sich unzähliger Anfragen aus aller Welt erfreuende Mitarbeitern des Green Belt Movement, vor allem Njogu Kahare und Wanjira Maathai, danke ich für ihre Kooperationsbereitschaft.

Dem WDR-Studio Nairobi, Wim Dohrenbusch, Caroline Kigira, Fanuel Adoli, Birgit Viernich, Werner Zeppenfeld, Michaela Rudolph, Nancy Nyokabi, Anna Wambui Ng'ethe und Victor Thendeu danke ich für logistische und moralische Unterstützung. Den Kollegen Thilo Thielke, Fiona Ehlers und Marc Engelhardt schulde ich Dank für wichtige Hinweise.

Für wochenlange Hilfe beim Recherchieren danke ich Marilyn Nyagothie Kelly, die sich in Nairobi auskennt wie kaum jemand sonst. Prof. Reinhold Hofmann, em., Institut für Zoo- und Wildtierforschung, Berlin, und Prof. Charles Ralph, em., University of Pittsburgh, Pennsylvania, USA, haben geduldig meine Fragen beantwortet und waren eine unersetzliche Quelle.

Im Department of Veterinary Anatomy, University of Nairobi, Kenia, bin ich Prof. Charles Warui und Prof. Vertestine Beaman Mbaya zu Dank verpflichtet.

Beim Umweltprogramm der Vereinten Nationen in Nairobi haben Klaus Töpfer, Jens Mackensen, Christian Lambrechts, Beverly Miller, Laetitia Zobel, Eric Falt, Nick Nutall, Martina Otto und Valerie Kiel Unmögliches möglich gemacht und in Windeseile Material und Interviewpartner organisiert.

In Ihithe, im Nyeri-District, haben Peter Muta und Rahab

Wamuchi Ngunjiri unentbehrliche Einblicke in das Leben der Kikuyu-Familie Muta geliefert.

Dorothee von Brentano, Prof. Edward Oyugi, Wangari Maathais enger Freund John Makanga, der Parlamentsabgeordnete Hon. Koigi wa Wamwere und seine Mutter Monica Wangu sprachen mit mir über die frühen 90er Jahre. Isabel Karanja vom Nationalen Frauenrat Kenias (NCWK) und Immaculate Njenge von der Organisation weiblicher Rechtsanwälte (FIDA) informierten mich über die Geschichte der Frauenbewegung in Kenia. Vielen Dank dafür.

Martin Breitfeld, Lektor im Freiburger Verlag Herder, hat unter unglaublichem Zeitdruck die Entstehung des Buches für die Reihe Spektrum fachkundig betreut und hat Dank für seine aufmunternden Worte und seinen Rat verdient.

Vor allem aber danke ich meiner geliebten Frau und Lieblingskorrektorin, Julia Crause, die mich nach Afrika gelockt hat. Ohne sie wäre ich Wangari Maathai nie begegnet.